COMPENDIUM DU CATÉCHISME DE L'ÉGLISE CATHOLIQUE

Catalogage avant publication de Bibliothèque et Archives Canada

Église catholique
[Catechismus Ecclesiae catholicae. Compendium. Français]
Compendium du Catéchisme de l'Église catholique.

Traduction de : Catechismo della Chiesa cattolica. Compendio.
Comprend un index.
ISBN 0-88997-527-2 (relié).--ISBN 0-88997-542-6 (br.)

1. Église catholique--Catéchismes français. I. Église catholique.
Conférence des évêques catholiques du Canada II. Titre.
III. Titre: Catechismus Ecclesiae catholicae. Compendium. Français.

BX1959.3.F7 2005 238'.2 C2005-906423-4

CONFÉRENCE DES ÉVÊQUES CATHOLIQUES DU CANADA

Éditions de la CECC
2500, promenade Don Reid
Ottawa (Ontario)
K1H 2J2 Canada

Téléphone: (613) 241-7538 ou 1 800 769-1147
Télécopie: (613) 241-5090
Courriel : publi@cecc.ca
Site Internet : www.editionscecc.ca

Imprimé et relié au Canada

Dépôt légal : Bibliothèque nationale du Canada, Ottawa.
Dépôt : Bibliothèque nationale du Québec, Montréal

Couverture rigide :
ISBN-13 : 978-0-88997-527-9
ISBN-10 : 0-88997-527-2
Code de l'ouvrage : 184-491

Couverture souple :
ISBN-13 : 978-0-88997-542-2
ISBN-10 : 0-88997-542-6
Code de l'ouvrage : 184-610

Lettre apostolique en forme de
MOTU PROPRIO
pour l'approbation et la publication du
Compendium du Catéchisme de l'Église catholique

Il y a vingt ans, débutait l'élaboration du *Catéchisme de l'Église catholique*, demandé par l'Assemblée extraordinaire du Synode des Évêques, à l'occasion du vingtième anniversaire de la clôture du Concile œcuménique Vatican II.

Je remercie infiniment Dieu, le Seigneur, d'avoir donné à l'Église catholique ce Catéchisme, promulgué en 1992 par mon vénéré et bien-aimé Prédécesseur, le Pape Jean-Paul II.

La grande utilité de ce don précieux est confirmée avant tout par l'accueil, large et positif, qu'il a reçu de la part de l'épiscopat, auquel il était adressé en tout premier lieu comme texte de référence sûr et authentique pour l'enseignement de la doctrine catholique, et en particulier pour l'élaboration des catéchismes locaux. Elle est confirmée aussi par l'accueil favorable et remarquable qui lui a été réservé par toutes les composantes du Peuple de Dieu, qui ont pu le connaître et l'apprécier grâce aux cinquante langues et plus dans lesquelles il a été traduit jusqu'à présent.

Avec une grande joie, j'approuve maintenant et je promulgue le *Compendium* de ce Catéchisme.

Il a été vivement souhaité par les participants du Congrès catéchétique international d'octobre 2002, qui se sont faits ainsi les interprètes d'une exigence très ressentie dans l'Église. Accueillant ce désir, mon regretté Prédécesseur décida en février 2003 la préparation de ce *Compendium* et en confia la rédaction à une Commission restreinte de Cardinaux présidée par moi et assistée de quelques collaborateurs experts. Au cours des travaux, un projet de ce *Compendium* a été soumis au jugement de tous les Cardinaux et des Présidents des Conférences épiscopales qui, à une très large majorité, l'ont accueilli et jugé favorablement.

Le *Compendium* que je présente aujourd'hui à l'Église universelle est une synthèse fidèle et sûre du *Catéchisme de l'Église catholique*. Il contient, de façon concise, tous les éléments essentiels et fondamentaux de la foi de l'Église, de manière à constituer, comme le souhaitait mon Prédécesseur, une sorte de *vade-mecum* qui permette aux personnes, croyantes ou non, d'embrasser d'un regard d'ensemble la totalité du panorama de la foi catholique.

Dans sa structure, dans son contenu et dans son langage, il reflète fidèlement le *Catéchisme de l'Église catholique*, qui, grâce à l'aide et au stimulant que constitue cette synthèse, pourra être plus largement connu et approfondi.

Je livre donc avec confiance ce *Compendium* avant tout à l'Église entière et à chaque chrétien en particulier, afin qu'en ce troisième millénaire, chacun puisse, grâce à lui, retrouver un nouvel élan dans l'effort renouvelé d'évangélisation et d'éducation à la foi qui doit caractériser toute communauté ecclésiale et tous ceux qui croient au Christ, quel que soit leur âge ou la nation à laquelle ils appartiennent.

Mais ce *Compendium*, dans sa brièveté, sa clarté et son intégralité, s'adresse aussi à toute personne qui, vivant dans un monde incohérent et aux multiples messages, désire connaître le Chemin de la Vie, la Vérité, confiée par Dieu à l'Église de son Fils.

En lisant cet instrument autorisé qu'est le *Compendium*, chacun pourra, grâce notamment à l'intercession de la Très Sainte Vierge Marie, Mère du Christ et Mère de l'Église, reconnaître et accueillir toujours mieux la beauté, l'unicité et l'actualité inépuisables du Don par excellence que Dieu a fait à l'humanité : son Fils unique, Jésus Christ, qui est « le Chemin, la Vérité et la Vie » (*Jn* 14,6).

Donné à Rome, près de Saint-Pierre, le 28 juin 2005, veille de la Solennité des saints Apôtres Pierre et Paul, en la première année de mon Pontificat.

Benedictus PP XVI

IC
XC

L'icône du Christ Pantocrator (Celui qui dirige tout), d'une rare beauté artistique, rappelle les paroles du Psalmiste : « Tu es beau, comme aucun des enfants de l'homme, la grâce est répandue sur tes lèvres » (*Ps* 44 [45],3). Appliquant cette louange au Seigneur Jésus, saint Jean Chrysostome écrivait : « Le Christ était dans la fleur de l'âge, dans la force de l'Esprit, et en lui resplendissait une double beauté, celle de l'âme et celle du corps » (PG 52,479).

Par son langage figuratif, cette icône constitue la synthèse des premiers Conciles œcuméniques, parvenant à représenter non seulement la splendeur de l'humanité mais aussi l'éclat de la divinité de Jésus. Le Christ est revêtu d'une tunique rouge, couverte d'un manteau bleu foncé. Ces deux couleurs rappellent sa double nature, tandis que les reflets dorés évoquent la personne divine du Verbe. De l'épaule droite tombe une étole dorée, symbole de son sacerdoce éternel. Son visage, majestueux et serein, encadré par une chevelure abondante, et entouré d'une auréole cruciforme, traduit le trigramme « Ô ÔN » (« Celui qui est »), que propose à nouveau la révélation du nom de Dieu dans *Ex* 3,14. En haut, sur les bords de l'icône, se trouvent deux doubles lettres : « IC – XC » (« Iesus » – « Christus »), qui constituent le titre de l'image elle-même. La main droite, avec le pouce et l'annulaire repliés jusqu'à se toucher (pour indiquer la double nature du Christ dans l'unité de sa personne), est représentée dans le geste typique de la bénédiction. La main gauche, en revanche, serre le livre de l'Évangile, orné de trois fermoirs, de perles et de pierres précieuses. L'Évangile, symbole et synthèse de la Parole de Dieu, a aussi une signification liturgique, puisqu'au cours de la célébration eucharistique, on en lit un passage et on récite les paroles mêmes de Jésus au moment de la consécration.

L'image, qui est une synthèse sublime de données réalistes et symboliques, est une invitation à contempler et à suivre Jésus. Aujourd'hui encore, à travers l'Église, son Épouse et son Corps mystique, Jésus continue de bénir l'humanité et de l'éclairer par son Évangile, véritable livre de la vérité, du bonheur et du salut de l'homme.

Au mois d'août 386, tandis qu'il se trouvait dans son jardin, Augustin entendit une voix qui lui disait : « Prends et lis, prends et lis » (*Confessions,* 8, 12, 29). Le compendium du Catéchisme de l'Église catholique, synthèse de l'Évangile de Jésus enseigné par la catéchèse de l'Église, est une invitation à ouvrir le livre de la vérité et à le lire, et même à le manger, comme fit le prophète Ézéchiel (cf. *Ez* 3,1-4).

THÉOPHANE DE CRÈTE (1546), *Icône du Christ*, Monastère Stavronikita (Mont Athos).

INTRODUCTION

1. Le 11 octobre 1992, le Pape Jean-Paul II donnait aux fidèles du monde entier le *Catéchisme de l'Église catholique*, le présentant comme « texte de référence[1] » pour une catéchèse renouvelée aux sources vives de la foi. Trente ans après l'ouverture du Concile Vatican II (1962-1965), était ainsi porté à son heureux terme le souhait exprimé en 1985 par l'Assemblée extraordinaire du Synode des Évêques, que soit composé un catéchisme de toute la doctrine catholique, tant pour la foi que pour la morale.

Cinq ans après, le 15 août 1997, en promulguant l'*editio typica du Catechismus Catholicæ Ecclesiæ*, le Souverain Pontife confirmait la finalité fondamentale de l'œuvre : « Constituer une présentation complète et intègre de la doctrine catholique, qui permet à chacun de connaître ce que l'Église professe, célèbre, vit et prie dans sa vie quotidienne[2] ».

2. Pour une meilleure mise en valeur du Catéchisme et pour répondre à une requête née au Congrès catéchétique international de 2002, Jean-Paul II institua en 2003 une Commission spéciale présidée par le Cardinal Joseph Ratzinger, Préfet de la Congrégation pour la Doctrine de la Foi, lui confiant la tâche d'élaborer un *Compendium* du Catéchisme de l'Église catholique, comportant une formulation plus synthétique du même contenu de foi. Après deux années de travail, fut préparé un projet de *compendium*, qui fut envoyé pour consultation aux Cardinaux et aux Présidents des Conférences épiscopales. Dans son ensemble, le projet a obtenu un avis positif de la part de la majorité absolue de ceux qui ont répondu. La Commission a donc procédé à la révision dudit projet et, compte tenu des propositions d'amélioration qui étaient parvenues, a préparé le texte définitif du document.

3. Les caractéristiques principales du *Compendium* sont au nombre de trois : l'étroite dépendance avec le Catéchisme de l'Église catholique; le genre dialogique; l'utilisation des images dans la catéchèse.

---

1 JEAN-PAUL II, Const. apost. *Fidei depositum* : 11 octobre 1992 : *La Documentation catholique* 91 (1993), p. 1.

2 JEAN-PAUL II, Lettre apost. *Laetamur magnopere* : 15 août 1997 : *La Documentation catholique* 94 (1997), p. 851.

Tout d'abord, le Compendium n'est pas un ouvrage indépendant et il n'entend nullement se substituer au Catéchisme de l'Église catholique; il y renvoie au contraire continuellement, soit en indiquant régulièrement les numéros auxquels il se réfère, soit en renvoyant sans cesse à sa structure, à son déroulement et à son contenu. Le *Compendium* entend en outre un renouveau d'intérêt et de ferveur pour le Catéchisme qui, par sa sage présentation et par sa profondeur spirituelle, reste toujours le texte de base de la catéchèse ecclésiale actuelle.

Comme le Catéchisme, le *Compendium* est organisé en quatre parties, qui correspondent aux lois fondamentales de la vie dans le Christ.

La première partie, intitulée « La profession de la foi », contient une synthèse opportune de la *lex credendi*, c'est-à-dire de la foi professée par l'Église catholique, synthèse tirée du Symbole apostolique développée par le symbole de Nicée-Constantinople, dont la proclamation constante au cours des assemblées chrétiennes maintient vivante la mémoire des principales vérités de la foi.

La deuxième partie, intitulée « La célébration du mystère chrétien » présente les éléments essentiels de la *lex celebrandi*. L'annonce de l'Évangile trouve en effet sa réponse privilégiée dans la vie sacramentelle. En elle, les fidèles font l'expérience et témoignent, à chaque instant de leur existence, de l'efficacité salvifique du mystère pascal, par lequel le Christ a accompli l'œuvre de notre rédemption.

La troisième partie, intitulée « La vie dans le Christ », rappelle la *lex vivendi*, à savoir l'engagement auquel les baptisés sont tenus de manifester, dans leurs comportements et leurs choix éthiques, leur fidélité à la foi professée et célébrée. Les fidèles sont en effet appelés par le Seigneur Jésus à accomplir les actions qui sont conformes à leur dignité de fils du Père, dans la charité de l'Esprit Saint.

La quatrième partie, intitulée « La prière chrétienne » offre une synthèse de la *lex orandi*, c'est-à-dire de la vie de prière. À l'exemple de Jésus, modèle parfait du priant, le chrétien est appelé lui aussi à dialoguer avec Dieu dans la prière, dont une des expressions privilégiées est le Notre Père, prière qui nous a été enseignée par Jésus lui-même.

4. Une deuxième caractéristique du *Compendium* est sa forme dialogique, qui reprend un ancien genre littéraire catéchétique, fait de demandes et de réponses. Il s'agit de proposer à nouveau un dialogue idéal entre le maître et le disciple, par une série incessante de questions qui attirent le

lecteur, l'invitant à avancer dans la découverte d'aspects toujours nouveaux de la vérité de sa foi. Le genre dialogique contribue aussi à abréger notablement le texte, le réduisant à l'essentiel, ce qui pourrait favoriser l'assimilation et la mémorisation éventuelle du contenu.

5. Une troisième caractéristique est la présence de quelques images, qui marquent les articulations du *Compendium*. Elles proviennent d'un très riche patrimoine de l'iconographie chrétienne. Nous apprenons par la tradition séculaire des conciles que l'image est aussi une prédication évangélique. En tout temps, les artistes ont offert à la contemplation et à l'admiration des fidèles les événements marquants du mystère du salut, les présentant avec la splendeur des couleurs et dans la perfection de la beauté. C'est là un indice de ce que, aujourd'hui plus que jamais, dans la civilisation de l'image, l'image sainte peut exprimer beaucoup plus que les paroles elles-mêmes, car son dynamisme de communication et de transmission du message évangélique est autrement plus efficace.

6. Quarante ans après la fin du Concile Vatican II et au cours de l'Année de l'Eucharistie, le *Compendium* peut représenter un nouvel instrument pour satisfaire la soif de vérité des fidèles de tous âges et de toutes conditions, aussi bien que le désir de ceux qui, sans être des fidèles, ont soif de vérité et de justice. Sa publication aura lieu en la solennité des saints Apôtres Pierre et Paul, colonnes de l'Église universelle et annonciateurs exemplaires de l'Évangile au monde de leur temps. Ces Apôtres ont vu ce qu'ils ont prêché et ils ont rendu témoignage à la vérité du Christ jusqu'au martyre. Imitons-les dans leur élan missionnaire et prions le Seigneur pour que l'Église suive toujours l'enseignement des Apôtres, par lesquels elle a reçu la première et joyeuse annonce de la foi.

Le 20 mars 2005, Dimanche des Rameaux.

JOSEPH Card. RATZINGER
Président de la Commission spéciale

Ce splendide chef d'œuvre de l'Adoration des Mages (cf. *Mt* 2,1-12), représente la révélation de Jésus à tous les peuples. L'incarnation est un don non seulement à la foi de Marie, de Joseph, des femmes, des bergers, des gens simples du peuple d'Israël, mais aussi à la foi de ces étrangers venus de l'Orient, pour adorer le Messie nouveau-né et lui offrir leurs présents : « En entrant dans la maison, ils virent l'enfant avec Marie sa mère; et, tombant à genoux, ils se prosternèrent devant lui. Ils ouvrirent leurs coffrets, et lui offrirent leurs présents : de l'or, de l'encens et de la myrrhe » (*Mt* 2,11).

Les Mages constituent les premiers des peuples appelés à la foi, qui s'approchent de Jésus, non les mains vides, mais avec les richesses de leurs terres et de leurs cultures.

L'Évangile de Jésus est parole salvifique pour l'humanité tout entière. Saint Léon le Grand disait : « Que tous les peuples, représentés par les trois Mages, adorent le Créateur de l'univers, et que Dieu soit connu non seulement en Judée, mais sur toute la terre pour que, partout en Israël, grand soit son nom (cf. *Ps* 75,2) » (Discours 3 pour l'Épiphanie).

La première partie du compendium illustre la rencontre de Dieu et de l'homme, et la réponse de foi que l'Église, au nom de tous les hommes, fait au don de l'incarnation rédemptrice du Fils de Dieu et de sa divine révélation.

GENTILE DA FABRIANO (1423), *L'adoration des Mages*, Galerie des Offices, Florence. Photo : Scala/Art Resource, NY

PREMIÈRE PARTIE

LA PROFESSION DE LA FOI

PREMIÈRE SECTION

« JE CROIS » – « NOUS CROYONS »

Cette miniature présente le cycle complet des six jours de la création jusqu'à la tentation des premiers parents du genre humain (cf. *Gn* 1-3).

« Quelle profusion dans tes œuvres, Seigneur!
Tout cela, ta sagesse l'a fait;
la terre s'emplit de tes biens.
    Voici l'immensité de la mer,
    son grouillement innombrable d'animaux
    grands et petits,
    ses bateaux qui voyagent,
et Léviathan que tu fis pour qu'il serve à tes jeux.
    Tous, ils comptent sur toi
    pour recevoir leur nourriture au temps voulu.
    Tu donnes : eux, ils ramassent;
    tu ouvres la main : ils sont comblés ».

(*Ps* 103 [104],24-28.35).

Durant la veillée pascale, l'Église loue le Seigneur pour l'œuvre encore plus grandiose de la rédemption de l'humanité et du cosmos :

« Dieu éternel et tout-puissant,
toi qui agis toujours avec une sagesse admirable,
Donne aux hommes que tu as rachetés
de comprendre que le sacrifice du Christ, notre Pâque,
est une œuvre plus merveilleuse encore
que l'acte de la création
au commencement du monde ».

BIBLE DE SOUVIGNY, *Miniature sur les jours de la création*, Moulins, Bibliothèque municipale. Photo : Bridgeman – Giraudon/Art Resource, NY

1. Quel est le dessein de Dieu sur l’homme?

Infiniment parfait et bienheureux en Lui-même, Dieu, dans un dessein de pure bonté, a librement créé l’homme pour le rendre participant de sa vie bienheureuse. Lorsque les temps furent accomplis, Dieu le Père a envoyé son Fils comme Rédempteur et Sauveur des hommes tombés dans le péché, pour les appeler dans son Église et pour leur donner d’être ses fils adoptifs par l’action de l’Esprit Saint et les héritiers de son éternité bienheureuse. 1-25

CHAPITRE I

L’HOMME EST « CAPABLE » DE DIEU

« Tu es grand, Seigneur, et louable hautement... Tu nous as faits pour Toi et notre cœur est sans repos tant qu’il ne se repose pas en Toi » (saint Augustin). 30

2. Pourquoi y a-t-il en l’homme le désir de Dieu?

En créant l’homme à son image, Dieu lui-même a inscrit dans son cœur le désir de le voir. Même si un tel désir est ignoré de l’homme, Dieu ne cesse d’attirer l’homme à lui pour qu’il vive et trouve en Lui la plénitude de vérité et de bonheur qu’il ne cesse de chercher. Par nature et par vocation, l’homme est donc un être religieux, capable d’entrer en communion avec Dieu. Ce lien intime et vital avec Dieu confère à l’homme sa dignité fondamentale. 27-30 44-45

3. Peut-on connaître Dieu avec la seule lumière de la raison?

À partir de la création, c’est-à-dire du monde et de la personne humaine, l’homme, par sa seule raison, peut avec certitude connaître Dieu comme origine et fin de l’univers, comme souverain bien, et comme vérité et beauté infinie. 31-36 46-47

4. Suffit-il de la lumière de la raison pour connaître le mystère de Dieu?

Dans sa connaissance de Dieu par la seule lumière de sa raison, l’homme rencontre beaucoup de difficultés. De plus, il ne peut entrer par 37-38 lui-même dans l'intimité du mystère divin. C'est pourquoi Dieu a voulu l'éclairer par sa Révélation, non seulement sur les vérités qui dépassent la compréhension humaine, mais aussi sur les vérités religieuses et morales, qui, tout en étant en elles-mêmes accessibles à la raison, peuvent ainsi être connues de tous, sans difficulté, avec une ferme certitude et sans risque d'erreur.

5. Comment parler de Dieu?

39-43
48-49 On peut parler de Dieu à tous les hommes et avec tous les hommes, à partir des perfections de l'homme et des autres créatures, qui sont un reflet, bien que limité, de la perfection infinie de Dieu. Il faut donc sans cesse purifier notre langage en ce qu'il a d'imagé et d'imparfait, en sachant que l'on ne pourra jamais exprimer pleinement l'infini mystère de Dieu.

CHAPITRE II
DIEU À LA RENCONTRE DE L'HOMME

La Révélation de Dieu

6. Qu'est-ce que Dieu révèle à l'homme?

50-53
68-69 Dans sa bonté et dans sa sagesse, Dieu se révèle à l'homme. Par les événements et par ses paroles, il se révèle lui-même ainsi que son dessein de bienveillance, qu'il a établi de toute éternité dans le Christ, en faveur des hommes. Ce dessein consiste à faire participer, par la grâce de l'Esprit Saint, tous les hommes à la vie divine, pour qu'ils soient fils adoptifs en son Fils unique.

7. Quelles sont les premières étapes de la révélation de Dieu?

54-58
70-71 Dès l'origine, Dieu s'est manifesté à nos premiers parents, Adam et Ève, et il les a invités à une communion intime avec Lui. Après leur chute, il n'a pas interrompu sa révélation et il a promis le salut pour toute leur descendance. Après le déluge, il a conclu avec Noé une alliance entre Lui et tous les êtres vivants.

8. Quelles sont les étapes successives de la révélation de Dieu?

59-64
72 Dieu a choisi Abraham, l'appelant à sortir de son pays pour faire de lui « le père d'un grand nombre de peuples » (*Gn* 17,5) et lui promettant de bénir en lui « toutes les nations de la terre » (*Gn* 12,3). Les descendants d'Abraham seront les dépositaires des promesses divines faites aux patriarches. Dieu a formé Israël comme son peuple d'élection, le sauvant

de l'esclavage de l'Égypte. Il a conclu avec lui l'Alliance du Sinaï et, par Moïse, lui a donné sa Loi. Les prophètes ont annoncé une rédemption radicale du peuple et un salut qui inclura toutes les nations dans une Alliance nouvelle et éternelle. Du peuple d'Israël, de la race du roi David, naîtra Jésus, le Messie.

9. Quelle est l'étape dernière et définitive de la révélation de Dieu?

Cette étape s'est accomplie par le Verbe incarné, Jésus Christ, médiateur, 65-66
et plénitude de la révélation. Parce qu'il est le Fils unique de Dieu fait 73
homme, il est la Parole parfaite et définitive du Père. Avec l'envoi du Fils et le don de l'Esprit Saint, la Révélation est désormais pleinement accomplie, même si la foi de l'Église devra en saisir graduellement toute la portée au cours des siècles.

> *« Dès lors qu'Il nous a donné son Fils, qui est sa Parole unique et définitive, Dieu nous a tout dit en une seule fois dans cette Parole et il n'a plus rien à dire »* (saint Jean de la Croix).

10. Quelle valeur possèdent les révélations privées?

Tout en n'appartenant pas au dépôt de la foi, elles peuvent aider à 67
vivre la foi elle-même, à condition qu'elles gardent un étroit rapport au Christ. Le Magistère de l'Église, auquel il revient d'effectuer un discernement sur ces révélations privées, ne peut cependant accepter celles qui prétendent dépasser ou corriger la révélation définitive qui est le Christ.

La transmission de la Révélation divine

11. Pourquoi et comment doit se transmettre la révélation divine?

Dieu « veut que tous les hommes soient sauvés et parviennent à la 74
connaissance de la vérité » (*1 Tm* 2,4), c'est-à-dire de Jésus Christ. C'est pourquoi il est nécessaire que le Christ soit annoncé à tous les hommes, selon son propre commandement : « Allez et enseignez toutes les nations » (*Mt* 28,19). Cela se réalise par la Tradition apostolique.

12. En quoi consiste la Tradition apostolique?

La Tradition apostolique est la transmission du message du Christ, qui 75-79 83,
s'accomplit, depuis les origines du christianisme, par la prédication, le 96, 98
témoignage, les institutions, le culte, les écrits inspirés. Les Apôtres ont

transmis à leurs successeurs, les Évêques, et, à travers eux, à toutes les générations, jusqu'à la fin des temps, ce qu'ils ont reçu du Christ et ce qu'ils ont appris de l'Esprit Saint.

13. Comment se réalise la Tradition apostolique?

76 La Tradition apostolique se réalise de deux manières : par la transmission vivante de la Parole de Dieu (appelée plus simplement la Tradition) et par la Sainte Écriture, qui est la même annonce du salut, consignée par écrit.

14. Quel rapport existe-t-il entre la Tradition et la Sainte Écriture?

80-82 97 La Tradition et la Sainte Écriture sont reliées et communiquent étroitement entre elles. En effet, l'une et l'autre rendent le mystère du Christ présent et fécond dans l'Église, et elles jaillissent d'une source divine identique. Elles constituent un seul dépôt sacré de la foi, où l'Église puise sa certitude concernant tout ce qui est révélé.

15. À qui est confié le dépôt de la foi?

84, 91 94, 99 Depuis les Apôtres, le dépôt de la foi est confié à l'ensemble de l'Église. Avec le sens surnaturel de la foi, le peuple de Dieu tout entier, assisté de l'Esprit Saint et guidé par le Magistère de l'Église, accueille la Révélation divine, la comprend toujours plus profondément et s'attache à la vivre.

16. À qui revient-il d'interpréter de façon authentique le dépôt de la foi?

85-90 100 L'interprétation authentique du dépôt de la foi appartient au seul Magistère vivant de l'Église, c'est-à-dire au Successeur de Pierre, l'Évêque de Rome, et aux Évêques en communion avec lui. Au Magistère, qui, dans le service de la Parole de Dieu, jouit du charisme certain de la vérité, il revient aussi de définir les dogmes, qui sont des formulations des vérités contenues dans la Révélation divine; ce pouvoir s'étend également aux vérités qui ont un lien nécessaire avec la Révélation.

17. Quelles sont les relations entre l'Écriture, la Tradition et le Magistère?

95 Écriture, Tradition et Magistère sont si étroitement unis entre eux qu'aucun n'existe sans les autres. Ensemble, sous l'action de l'Esprit Saint, ils contribuent efficacement au salut des hommes, chacun selon son mode propre.

La Sainte Écriture

18. Pourquoi la Sainte Écriture enseigne-t-elle la vérité?

Parce que Dieu lui-même est l'auteur de la Sainte Écriture. Elle est donc dite inspirée et elle enseigne sans erreur les vérités qui sont nécessaires à notre salut. En effet, l'Esprit Saint a inspiré les auteurs humains, qui ont écrit ce que Dieu veut nous enseigner. Cependant, la foi chrétienne n'est pas une « religion du Livre », mais de la Parole de Dieu, « non d'un verbe écrit et muet, mais du Verbe incarné et vivant » (saint Bernard de Clairvaux). 105-108 135-136

19. Comment lire l'Écriture Sainte?

La Sainte Écriture doit être lue et interprétée avec l'aide de l'Esprit Saint et sous la conduite du Magistère de l'Église, selon trois critères : 1) attention au contenu et à l'unité de toute l'Écriture, 2) lecture de l'Écriture dans la Tradition vivante de l'Église, 3) respect de l'analogie de la foi, c'est-à-dire de la cohésion harmonieuse des vérités de la foi entre elles. 109-119 137

20. Qu'est-ce que le *canon* des Écritures?

Le *canon* des Écritures est la liste complète des écrits sacrés, que la Tradition apostolique a fait discerner à l'Église. Ce *canon* comprend quarante-six écrits de l'Ancien Testament et vingt-sept du Nouveau Testament. 120 138

21. Quelle est l'importance de l'Ancien Testament pour les chrétiens?

Les chrétiens vénèrent l'Ancien Testament comme vraie Parole de Dieu. Tous ses écrits sont divinement inspirés et conservent une valeur permanente. Ils rendent témoignage de la pédagogie de l'amour sauveur de Dieu. Ils ont surtout été écrits pour préparer l'avènement du Christ, le Sauveur de l'univers. 121-123

22. Quelle est l'importance du Nouveau Testament pour les chrétiens?

Le Nouveau Testament, dont l'objet central est Jésus Christ, nous enseigne la vérité définitive de la Révélation divine. Dans le Nouveau Testament, les quatre évangiles – Matthieu, Marc, Luc et Jean – sont les principaux témoignages sur la vie et sur l'enseignement de Jésus ; ils constituent le cœur de toutes les Écritures et ils occupent une place unique dans l'Église. 124-127 139

23. Quelle est l'unité entre l'Ancien et le Nouveau Testament?

L'Écriture est une, car unique est la Parole de Dieu, unique le dessein de salut de Dieu, unique l'inspiration divine de l'un et l'autre Testaments. 128-130 140

L'Ancien Testament prépare le Nouveau et le Nouveau accomplit l'Ancien. Les deux s'éclairent mutuellement.

24. Quelle est la fonction de la Sainte Écriture dans la vie de l'Église?

131-133
141 La Sainte Écriture donne soutien et vigueur à la vie de l'Église. Pour les fils de l'Église, elle est solidité de la foi, nourriture et source de vie spirituelle. Elle est l'âme de la théologie et de la prédication pastorale. Le Psalmiste dit qu'elle est « la lumière de mes pas et la lampe de ma route » (*Ps* 118 [119],105). C'est pourquoi l'Église exhorte à la lecture fréquente de la Sainte Écriture, car « ignorer les Écritures, c'est ignorer le Christ » (saint Jérôme).

CHAPITRE III

LA RÉPONSE DE L'HOMME À DIEU

Je crois

25. Quelle est la réponse de l'homme à Dieu qui se révèle?

142-143 Soutenu par la grâce divine, l'homme répond à Dieu par l'obéissance de la foi, qui consiste à se confier pleinement à Dieu et à accueillir sa vérité, en tant qu'elle est garantie par Dieu, qui est la Vérité elle-même.

26. Dans la Sainte Écriture, quels sont les principaux témoins de l'obéissance de la foi?

144-149 Il y a de nombreux témoins, et particulièrement deux : *Abraham* qui, mis à l'épreuve, « eut foi en Dieu » (*Rm* 4,3) et qui a toujours obéi à son appel; c'est pourquoi il est devenu « le père de tous ceux qui croiraient » (cf. *Rm* 4,11.18); et la *Vierge Marie* qui, pendant toute sa vie, a réalisé de la façon la plus parfaite l'obéissance de la foi : « *Fiat mihi secundum Verbum tuum – Qu'il me soit fait selon ta Parole* » (*Lc* 1,38).

27. Que signifie concrètement pour l'homme de croire en Dieu?

150-152
176-178 Cela signifie adhérer à Dieu lui-même, en se confiant en lui et en donnant son assentiment à toutes les vérités qu'il a révélées, parce que Dieu est *la* vérité. Cela signifie croire en un seul Dieu en trois Personnes : le Père, le Fils et l'Esprit Saint.

28. Quelles sont les caractéristiques de la foi?

153-165
179-180
183-184 La foi, *don gratuit* de Dieu et accessible à ceux qui la demandent avec humilité, est la vertu surnaturelle nécessaire pour être sauvé. L'acte de foi est

un *acte humain*, c'est-à-dire un acte de l'intelligence de l'homme qui, sous la motion de la volonté mue par Dieu, donne librement son adhésion à la vérité divine. En outre, la foi est *certaine*, car elle est fondée sur la Parole de Dieu; elle est *agissante* « par la charité » (Ga 5,6); elle *grandit en permanence* grâce en particulier à l'écoute de la Parole de Dieu et à la prière. Dès à présent, elle *donne l'avant-goût* de la joie du ciel.

29. Pourquoi n'y a-t-il pas contradiction entre la foi et la science?

Même si la foi est au-dessus de la raison, il ne pourra jamais y avoir 159
contradiction entre la foi et la science, parce que l'une et l'autre ont Dieu pour origine. C'est Dieu lui-même qui donne à l'homme la lumière de la raison et la foi.

« Crois pour comprendre; comprends pour croire » (saint Augustin).

NOUS CROYONS

30. Pourquoi la foi est-elle un acte personnel et en même temps ecclésial?

La foi est un acte personnel, parce qu'elle est la libre réponse de 166-169 181
l'homme à Dieu qui se révèle. Mais elle est en même temps un acte ecclésial qui s'exprime dans la confession de foi : « Nous croyons ». En effet, c'est l'Église qui croit. De cette manière, avec la grâce de l'Esprit Saint; elle précède, elle engendre et elle nourrit la foi de chacun. C'est pourquoi l'Église est Mère et Maîtresse.

« Nul ne peut avoir Dieu pour Père qui n'a pas l'Église pour Mère » (saint Cyprien).

31. Pourquoi les énoncés de la foi sont-ils importants?

Les énoncés de la foi sont importants parce qu'ils permettent 170-171
d'exprimer, d'assimiler, de célébrer et de vivre ensemble avec autrui les vérités de la foi, en utilisant un langage commun.

32. De quelle manière la foi de l'Église est-elle unique?

Bien que formée de personnes différentes par la langue, la culture 172-175 182
et les coutumes, l'Église professe d'une voix unanime l'unique foi, reçue d'un seul Seigneur et transmise par l'unique Tradition apostolique. Elle

professe un seul Dieu – Père, Fils et Esprit Saint – et elle enseigne une seule voie de salut. Aussi, croyons-nous, d'un seul cœur et d'une seule âme, ce qui est contenu dans la Parole de Dieu, transmise ou écrite, et ce que l'Église présente comme divinement révélé.

DEUXIÈME SECTION

LA PROFESSION DE LA FOI CHRÉTIENNE

Cette antique mosaïque de la Basilique romaine de Saint-Clément célèbre le triomphe de la croix, mystère central de la foi chrétienne. On peut y observer la floraison luxuriante d'un pied d'acanthe, duquel partent de très nombreux rinceaux qui s'étendent dans toutes les directions, avec leurs fleurs et leurs fruits. La vitalité de cette plante vient de la croix de Jésus, dont le sacrifice constitue la re-création de l'humanité et du cosmos. Jésus est le nouvel Adam qui, par le mystère de sa passion, de sa mort et de sa résurrection, fait refleurir l'humanité, en la réconciliant avec le Père.

Autour du Christ souffrant, il y a douze colombes blanches qui représentent les douze Apôtres. Au pied de la croix, se trouvent Marie et Jean, le disciple bien-aimé :

« Jésus, voyant sa mère et près d'elle le disciple qu'il aimait, dit à sa mère : "Femme, voici ton fils". Puis il dit au disciple : "Voici ta mère". Et à partir de cette heure-là, le disciple la prit chez lui ». (*Jn* 19, 26-27).

En haut, apparaît la main du Père, qui offre une couronne de gloire à son Fils victorieux de la mort par son mystère pascal.

À la base de la plante, un petit cerf combat le serpent du mal.

De cette plante, qui représente l'arbre de la rédemption, naît une source d'eau jaillissante, qui donne vie aux quatre petits ruisseaux, qui symbolisent les quatre Évangiles, auxquels s'abreuvent les fidèles, comme le font les cerfs aux sources d'eau vive. L'Église est représentée, ici, comme un jardin céleste vivifié par Jésus, véritable arbre de vie.

BASILIQUE SAINT-CLÉMENT, Rome, *Mosaïque de l'abside*, XIIe siècle (détail : la croix, arbre de la vie).

LE CREDO

Symbole des Apôtres

Je crois en Dieu, le Père tout-puissant, Créateur du ciel et de la terre.
Et en Jésus Christ, son Fils unique, notre Seigneur; qui a été conçu du Saint-Esprit, est né de la Vierge Marie,
a souffert sous Ponce Pilate, a été crucifié, est mort et a été enseveli, est descendu aux enfers; le troisième jour est ressuscité des morts, est monté aux cieux, est assis à la droite de Dieu le Père tout-puissant, d'où il viendra juger les vivants et les morts.

Je crois en l'Esprit Saint,
à la sainte Église catholique,
à la communion des saints,
à la rémission des péchés,
à la résurrection de la chair,
à la vie éternelle.

Amen.

Symbolum Apostolicum

Credo in Deum Patrem omnipoténtem, Creatórem cæli et terræ,
et in Iesum Christum, Fílium Eius únicum, Dóminum nostrum, qui concéptus est de Spíritu Sancto, natus ex María Vírgine,
passus sub Póntio Piláto, crucifíxus, mórtuus, et sepúltus, descéndit ad ínferos, tértia die resurréxit a mórtuis, ascéndit ad cælos, sedet ad déxteram Dei Patris omnipoténtis, inde ventúrus est iudicáre vivos et mórtuos.

Et in Spíritum Sanctum,
sanctam Ecclésiam cathólicam,
sanctórum communiónem,
remissiónem peccatórum,
carnis resurrectiónem,
vitam ætérnam.

Amen.

Credo de Nicée-Constantinople

Je crois en un seul Dieu,
le Père tout-puissant,
Créateur du ciel et de la terre,
de l'univers visible
et invisible.

Symbolum Nicænum Constantinopolitanum

Credo in unum Deum,
Patrem omnipoténtem,
Factórem cæli et terræ,
visibílium ómnium et invisibílium
Et in unum Dóminum Iesum

Je crois en un seul Seigneur,
Jésus Christ,
le Fils unique de Dieu,
né du Père avant tous les siècles :
Il est Dieu, né de Dieu, lumière, née de la lumière, vrai Dieu,
né du vrai Dieu, engendré, non pas créé, de même nature que le Père, et par lui tout a été fait.
Pour nous les hommes, et pour notre salut, il descendit du ciel;
par l'Esprit Saint, il a pris chair de la Vierge Marie, et s'est fait homme.
Crucifié pour nous sous Ponce Pilate, il souffrit sa passion et fut mis au tombeau.
Il ressuscita le troisième jour, conformément aux Écritures, et il monta au ciel; il est assis à la droite du Père.
Il reviendra dans la gloire, pour juger les vivants et les morts; et son règne n'aura pas de fin.

Christum,
Fílium Dei unigénitum
et ex Patre natum
ante ómnia sǽcula:
Deum de Deo, Lumen de Lúmine,
Deum verum de Deo vero,
génitum, non factum, consubstantiálem Patri: per quem ómnia
facta sunt;
qui propter nos hómines
et propter nostram salútem,
descéndit de cælis, et incarnátus est de Spíritu Sancto ex MaríaVírgine et homo factus est, crucifíxus étiam pro nobis sub Póntio Piláto, passus et sepúltus est, et resurréxit tértia die secúndum Scriptúras,
et ascéndit in cælum, sedet ad déxteram Patris, et íterum ventúrus est cum glória, iudicáre vivos et mórtuos, cuius regni
non erit finis.

Je crois en l'Esprit Saint, qui est Seigneur et qui donne la vie; il procède du Père et du Fils; avec le Père et le Fils, il reçoit même adoration et même gloire; il a parlé par les prophètes.

Credo in Spíritum Sanctum,
Dóminum et vivificántem, qui ex Patre Filióque procédit, qui cum Patre et Fílio simul adorátur et conglorificátur, qui locútus est per prophétas.

Je crois en l'Église, une, sainte, catholique et apostolique.

Et unam sanctam cathólicam
et apostólicam Ecclésiam.

Je reconnais un seul baptême pour le pardon des péchés.
J'attends la résurrection des morts et la vie du monde à venir.

Confíteor unum Baptísma
in remissiónem peccatórum.
Et exspécto resurrectiónem mortuórum, et vitam ventúri sǽculi.

Amen.

Amen.

CHAPITRE I

JE CROIS EN DIEU LE PÈRE

Les Symboles de la foi

33. Qu'est-ce que les Symboles de la foi?

Ce sont des énoncés organiques, appelés encore « professions de foi » ou « Credo », par lesquels l'Église, depuis ses origines, a exprimé de manière synthétique et transmis sa foi dans un langage normatif et commun à tous les fidèles. 185-188 192, 197

34. Quels sont les plus anciens Symboles de la foi?

Ce sont les Symboles *baptismaux*. Parce que le baptême est donné « au nom du Père, et du Fils, et du Saint-Esprit » (*Mt* 28,19), les vérités de la foi qui y sont professées sont articulées selon leur référence aux trois Personnes de la Sainte Trinité. 189-191

35. Quels sont les plus importants Symboles de la foi?

Ce sont le *Symbole des Apôtres*, qui est l'antique Symbole baptismal de l'Église de Rome, et le *Symbole de Nicée-Constantinople*, fruit des deux premiers Conciles œcuméniques, Nicée (325) et Constantinople (381). Ils demeurent communs, aujourd'hui encore, à toutes les grandes Églises d'Orient et d'Occident. 193-195

« Je crois en Dieu, le Père tout-puissant,
Créateur du ciel et de la terre »

36. Pourquoi la profession de foi commence-t-elle par « Je crois en Dieu »?

Parce que l'affirmation « Je crois en Dieu » est la plus importante. Elle est la source de toutes les autres vérités sur l'homme et sur le monde, et de toute la vie de ceux qui croient en Dieu. 198-199

37. Pourquoi professons-nous *un seul* Dieu?

Parce que Dieu s'est révélé au peuple d'Israël comme l'Unique, lorsqu'il dit : « Écoute, Israël, le Seigneur notre Dieu est l'Unique » (*Dt* 6, 4), « Il n'y en a pas d'autre » (*Is* 45,22). Jésus lui-même l'a confirmé : Dieu est « l'unique Seigneur » (*Mc* 12,29). Professer que Jésus et l'Esprit Saint sont, eux aussi, Dieu et Seigneur, n'introduit aucune division dans le Dieu unique. 200-202 228

38. Par quel nom Dieu se révèle-t-il?

203-205 230-231 À Moïse, Dieu s'est révélé comme le Dieu vivant, « Dieu d'Abraham, Dieu d'Isaac, Dieu de Jacob » (*Ex* 3,6). Il lui a révélé son nom mystérieux : « Je suis Celui qui Est » (YHWH). Déjà, à l'époque de l'Ancien Testament, le nom ineffable de Dieu fut remplacé par celui de *Seigneur*. Ainsi, dans le Nouveau Testament, Jésus, appelé *Seigneur*, apparaît comme vrai Dieu.

39. Seul Dieu « est »-il?

212-213 Tandis que les créatures ont reçu de Lui ce qu'elles sont et ce qu'elles ont, seul Dieu est en lui-même la plénitude de l'être et de toutes les perfections. Il est « celui qui est », sans commencement ni fin. Jésus révèle qu'il porte lui aussi le Nom divin : « Je suis » (*Jn* 8,28).

40. Pourquoi la révélation du nom de Dieu est-elle importante?

206-213 Par la révélation de son Nom, Dieu fait connaître les richesses contenues dans son mystère ineffable : Lui seul existe depuis toujours et pour toujours, Lui qui transcende le monde et l'histoire. C'est Lui qui a fait le ciel et la terre. Il est le Dieu fidèle; toujours proche de son peuple pour le sauver. Il est le Saint par excellence, « riche en miséricorde » (*Ep* 2,4), toujours prêt à pardonner. Il est l'Être spirituel, transcendant, tout-puissant, éternel, personnel, parfait. Il est vérité et amour.

> « *Dieu est l'être infiniment parfait qu'est la Sainte Trinité* » (saint Toribio de Mogrovejo).

41. En quel sens Dieu est-il la vérité?

214-217 231 Dieu est la Vérité même et, comme tel, il ne se trompe ni ne peut tromper. Il « est lumière, il n'y a pas de ténèbres en lui » (1 *Jn* 1,5). Le Fils éternel de Dieu, Sagesse incarnée, a été envoyé dans le monde « pour rendre témoignage à la Vérité » (*Jn* 18,37).

42. Comment Dieu révèle-t-il qu'il est amour?

218-221 Dieu s'est révélé à Israël comme celui dont l'amour est plus fort que l'amour d'un père ou d'une mère pour ses enfants, d'un époux pour son épouse. En lui-même, il « est amour » (1 *Jn* 4,8.16), qui se donne totalement et gratuitement : Il « a tant aimé le monde qu'il lui a donné son Fils unique, [...] pour que, par lui, le monde soit sauvé » (*Jn* 3,16-17). En envoyant son Fils et l'Esprit Saint, Dieu révèle qu'il est lui-même éternel échange d'amour.

43. Que comporte la foi en un seul Dieu?

Croire en un seul Dieu comporte de connaître sa grandeur et sa majesté, de vivre en lui rendant grâce, d'avoir toujours confiance en lui, même dans l'adversité, de reconnaître l'unité et la vraie dignité de tous les hommes, créés à son image, d'user avec rectitude de sa création. 222-227 229

44. Quel est le mystère central de la foi et de la vie chrétienne?

Le mystère central de la foi et de la vie chrétienne est le mystère de la Sainte Trinité. Les chrétiens sont baptisés au nom du Père et du Fils et du Saint-Esprit. 232-237

45. Le mystère de la Sainte Trinité peut-il être connu par la seule raison humaine?

Dieu a laissé des traces de son être trinitaire dans la création et dans l'Ancien Testament; mais la profondeur de son Être comme Trinité sainte constitue un mystère inaccessible à la seule raison humaine, et même à la foi d'Israël, avant l'Incarnation du Fils de Dieu et l'envoi de l'Esprit Saint. Ce mystère a été révélé par Jésus Christ et il est à la source de tous les autres mystères. 237

46. Que Jésus Christ nous révèle-t-il du mystère du Père?

Jésus Christ nous révèle que Dieu est « Père », non seulement parce qu'il est le Créateur de l'univers et de l'homme, mais surtout parce qu'il engendre éternellement en son sein le Fils, qui est son Verbe, « reflet resplendissant de la gloire du Père, expression parfaite de sa substance » (*He* 1,3). 240-242

47. Qui est l'Esprit Saint, que Jésus Christ nous a révélé?

Il est la troisième Personne de la Sainte Trinité. Il est Dieu, uni au Père et au Fils, et égal à eux. Il « procède du Père » (*Jn* 15,26), qui, en tant que principe sans commencement, est l'origine de toute la vie trinitaire. Il procède aussi du Fils (*Filioque*), par le don éternel que le Père fait de lui au Fils. Envoyé par le Père et le Fils incarné, l'Esprit Saint conduit l'Église à la connaissance de « la Vérité tout entière » (*Jn* 16,13). 243-248

48. Comment l'Église exprime-t-elle sa foi trinitaire?

L'Église exprime sa foi trinitaire en confessant un seul Dieu en trois Personnes : Père, Fils et Esprit Saint. Les trois Personnes divines sont 249-256 266 un seul Dieu, parce que chacune d'elles est identique à la plénitude de l'unique et indivisible nature divine. Elles sont réellement distinctes entre elles par les relations qui les mettent en rapport les unes avec les autres. Le Père engendre le Fils, le Fils est engendré par le Père, le Saint-Esprit procède du Père et du Fils.

49. Comment agissent les trois Personnes divines?

257-260 267 Inséparables dans leur unique nature, les Personnes divines sont aussi inséparables dans leur action. La Trinité a une seule et même opération. Mais dans l'unique action divine, chaque Personne est présente selon le mode qui lui est propre dans la Trinité.

> *« O mon Dieu, Trinité que j'adore… Pacifiez mon âme. Faites-en votre ciel, votre demeure aimée et le lieu de votre repos. Que je ne Vous y laisse jamais seul, mais que je sois là, tout entière, tout éveillée en ma foi, toute adorante, toute livrée à votre action créatrice »* (Bienheureuse Élisabeth de la Trinité).

50. Que signifie que Dieu est tout-puissant?

268-278 Dieu s'est révélé comme « le fort, le vaillant » (*Ps* 23 [24],8), celui auquel « rien n'est impossible » (Lc 1,37). Sa toute-puissance est universelle, mystérieuse. Elle se manifeste dans le fait de créer le monde à partir de rien et l'homme par amour, mais surtout dans l'Incarnation et la Résurrection de son Fils, dans le don de l'adoption filiale et le pardon des péchés. C'est pourquoi l'Église adresse sa prière au « Dieu tout-puissant et éternel » (*« Omnipotens sempiterne Deus… »*).

51. Pourquoi est-il important d'affirmer : « Au commencement, Dieu créa le ciel et la terre » (*Gn* 1,1)?

279-289 315 Parce que la création est le fondement de tous les projets divins de salut. La création est la manifestation de l'amour tout-puissant et sage de Dieu; elle est le premier pas vers l'Alliance du Dieu unique avec son peuple ; elle est le commencement de l'histoire du salut, qui culmine avec le Christ; elle est la première réponse aux interrogations fondamentales de l'homme sur son origine et sur sa fin.

52. Qui a créé le monde?

Le Père, le Fils et l'Esprit Saint sont le principe unique et indivisible du monde, bien que l'œuvre de la création du monde soit particulièrement attribuée à Dieu le Père. 290-292 316

53. Pourquoi Dieu a-t-il créé le monde?

Le monde a été créé pour la gloire de Dieu, qui a voulu manifester et communiquer sa bonté, sa vérité et sa beauté. La fin ultime de la création, c'est que Dieu, dans le Christ, puisse être « tout en tous » (1 *Co* 15,28), pour sa gloire et pour notre bonheur. 293-294 319

> *« La gloire de Dieu, c'est l'homme vivant, et la vie de l'homme, c'est la vision de Dieu »* (saint Irénée).

54. Comment Dieu a-t-il crée l'univers?

Dieu a créé l'univers librement, avec sagesse et amour. Le monde n'est pas le produit d'une nécessité, d'un destin aveugle ou du hasard. Dieu a créé « de rien » (*ex nihilo*; 2 M 7, 28) un monde ordonné et bon, qu'Il transcende à l'infini. Dieu conserve sa création dans l'être et Il la soutient, lui donnant la capacité d'agir et la conduisant vers son achèvement par son Fils et par l'Esprit Saint. 295-301 317-320

55. En quoi consiste la Providence divine?

La divine Providence, ce sont les dispositions par lesquelles Dieu conduit ses créatures vers l'ultime perfection à laquelle il les a appelées. Dieu est l'auteur souverain de son dessein. Mais, pour sa réalisation, il utilise aussi la coopération de ses créatures. En même temps, il leur donne la dignité d'agir par elles-mêmes et d'être causes les unes des autres. 302-306 321

56. Comment l'homme collabore-t-il avec la divine Providence?

Tout en respectant sa liberté, Dieu donne à l'homme et lui demande de collaborer par ses actions, par ses prières, mais aussi par ses souffrances, en suscitant en lui « le vouloir et le faire selon la bonté de son dessein » (*Ph* 2,13). 307-308 323

57. Si Dieu est tout-puissant et providence, pourquoi alors le mal existe-t-il?

Seul *l'ensemble* de la foi chrétienne peut donner réponse à cette question, à la fois douloureuse et mystérieuse. En aucune manière, Dieu n'est 309-310 324, 400 la cause du mal, ni directement, ni indirectement. Il éclaire le mystère du mal par son Fils Jésus Christ, mort et ressuscité pour vaincre le grand mal moral qu'est le péché des hommes, racine des autres maux.

58. Pourquoi Dieu permet-il le mal?

311-314 324 La foi nous donne la certitude que Dieu ne permettrait pas le mal s'il ne faisait pas sortir le bien du mal lui-même. Cela, Dieu l'a déjà merveilleusement accompli dans la mort et la résurrection du Christ. En effet, du mal moral le plus grand, la mort de son Fils, il a tiré les plus grands biens, la glorification du Christ et notre rédemption.

Le ciel et la terre

59. Que Dieu a-t-il créé?

325-327 La Sainte Écriture dit : « Au commencement Dieu créa le ciel et la terre » (*Gn* 1,1). Dans sa profession de foi, l'Église proclame que Dieu est le créateur de toutes les choses visibles et invisibles, de tous les êtres spirituels et matériels, c'est-à-dire les anges et le monde visible, et tout particulièrement l'homme.

60. Qui sont les anges?

328-333 350-351 Les anges sont des créatures purement spirituelles, incorporelles, invisibles et immortelles; ce sont des êtres personnels, doués d'intelligence et de volonté. Contemplant sans cesse Dieu face à face, ils le glorifient; ils le servent et sont ses messagers pour l'accomplissement de la mission de salut de tous les hommes.

61. Comment les anges sont-ils présents à la vie de l'Église?

334-336 352 L'Église s'unit aux anges pour adorer Dieu; elle invoque leur assistance et, dans sa liturgie, elle célèbre la mémoire de certains d'entre eux.

> *« Chaque fidèle a à ses côtés un ange comme protecteur et pasteur pour le conduire à la vie »* (saint Basile le grand).

62. Qu'enseigne la Sainte Écriture au sujet de la création du monde visible?

337-344 À travers le récit des « sept jours » de la création, la Sainte Écriture nous fait connaître la valeur de la création et sa finalité qui est la louange de

Dieu et le service de l'homme. Toute chose doit son existence à Dieu, de qui elle reçoit sa bonté et sa perfection, ses lois et sa place dans l'univers.

63. Quelle est la place de l'homme dans la création?

L'homme est le sommet de la création visible, car il est créé à l'image 343-344 353
et à la ressemblance de Dieu.

64. Quel type de liens existe-t-il entre les réalités créées?

Entre les créatures, il existe une interdépendance et une hiérarchie 342 354
voulues par Dieu. En même temps, il existe une unité et une solidarité entre les créatures, car toutes ont le même créateur, toutes sont aimées de lui et sont ordonnées à sa gloire. Respecter les lois inscrites dans la création et les rapports découlant de la nature des choses constitue donc un principe de sagesse et un fondement de la morale.

65. Quelle relation y a-t-il entre l'œuvre de la création et celle de la rédemption?

L'œuvre de la création culmine dans l'œuvre, plus grande encore, de la 345-349
rédemption. En effet, cette dernière est le point de départ de la nouvelle création, dans laquelle tout retrouvera son sens plénier et son achèvement.

L'homme

66. En quel sens l'homme est-il créé à « l'image de Dieu »?

L'homme est créé à l'image de Dieu en ce sens qu'il est capable de 355-358
connaître et d'aimer librement son créateur. Sur la terre, il est la seule créature que Dieu a voulue pour elle-même et qu'il a appelée à participer à sa vie divine, par la connaissance et par l'amour. Parce qu'il est créé à l'image de Dieu, l'homme a la dignité d'une personne; il n'est pas quelque chose, mais quelqu'un, capable de se connaître, de se donner librement et d'entrer en communion avec Dieu et avec autrui.

67. Dans quel but Dieu a-t-il créé l'homme?

Dieu a tout créé pour l'homme, mais l'homme a été créé pour con- 358-359 381
naître, servir et aimer Dieu, pour lui offrir, dans ce monde, la création en action de grâce et pour être, dans le ciel, élevé à la vie avec Dieu. C'est seulement dans le mystère du Verbe incarné que le mystère de l'homme trouve sa vraie lumière. L'homme est prédestiné à reproduire l'image du Fils de Dieu fait homme, qui est lui-même la parfaite « image du Dieu invisible » (*Col* 1,15).

68. Pourquoi les hommes forment-ils une unité?

360-361 Tous les hommes forment l'unité du genre humain, en raison de leur commune origine, qu'ils tiennent de Dieu. De plus, Dieu, « à partir d'un seul homme, a créé tous les peuples » (*Ac* 17,26). Tous ont un unique Sauveur. Tous sont appelés à partager l'éternité bienheureuse de Dieu.

69. Dans l'homme, comment l'âme et le corps ne forment-ils qu'un?

362-365
382 La personne humaine est un être à la fois corporel et spirituel. En l'homme, l'esprit et la matière forment une seule nature. Cette unité est si profonde que, grâce au principe spirituel qu'est l'âme, le corps, qui est matière, devient un corps humain et vivant, et prend part à la dignité d'image de Dieu.

70. Qui donne l'âme à l'homme?

362-365
366-368
382 L'âme spirituelle ne vient pas des parents, mais elle est créée directement par Dieu, et elle est immortelle. Se séparant du corps au moment de la mort, elle ne meurt pas; elle s'unira à nouveau au corps au moment de la résurrection finale.

71. Quel rapport entre l'homme et la femme Dieu a-t-il établi?

369-373
383 L'homme et la femme ont été créés par Dieu dans une égale dignité en tant que personnes humaines et, en même temps, dans une complémentarité réciproque en tant qu'homme et femme. Dieu les a voulus l'un *pour* l'autre, pour une communion de personnes. Ensemble, ils sont aussi appelés à transmettre la vie humaine, formant dans le mariage « une seule chair » (*Gn* 2,24) et à dominer la terre comme « intendants » de Dieu.

72. Quelle était la condition originelle de l'homme selon le projet de Dieu?

374-379
384 En créant l'homme et la femme, Dieu leur avait donné une participation spéciale à sa vie divine, dans la sainteté et la justice. Dans le projet de Dieu, l'homme n'aurait dû ni souffrir ni mourir. En outre, il régnait une harmonie parfaite de l'homme en lui-même, entre la créature et le créateur, entre l'homme et la femme, comme aussi entre le premier couple humain et toute la création.

La chute

73. Comment comprendre la réalité du péché?

385-389 Dans l'histoire de l'homme, le péché est présent. Une telle réalité ne s'éclaire pleinement qu'à la lumière de la Révélation divine, et surtout à la lumière du Christ Sauveur de tous, qui a fait surabonder la grâce là où le péché a abondé.

74. Qu'est-ce que la chute des anges?

Par cette expression, on veut signifier que Satan et les autres démons, 391-395
dont parlent la Sainte Écriture et la Tradition de l'Église, alors qu'ils étaient 414
des anges créés bons par Dieu, se sont transformés en méchants, car, par leur choix libre et irrévocable, ils ont refusé Dieu et son Règne, donnant ainsi naissance à l'enfer. Ils tentent d'associer l'homme à leur rébellion contre Dieu; mais Dieu affirme dans le Christ sa victoire assurée sur le Malin.

75. En quoi consiste le premier péché de l'homme?

L'homme, tenté par le démon, a laissé s'éteindre en son cœur la con- 396-403
fiance dans ses rapports avec son Créateur. En lui désobéissant, il a voulu 415-417
devenir « comme Dieu », sans Dieu et non selon Dieu (*Gn* 3,5). Ainsi, Adam et Ève ont perdu immédiatement, pour eux et pour toute leur descendance, la grâce de la sainteté et de la justice originelles.

76. Qu'est ce que le péché originel?

Le péché originel, avec lequel naissent tous les hommes, est l'état 404
de privation de sainteté et de justice originelles dans lequel naissent tous les 419
hommes. C'est un péché que nous avons « contracté » et non un péché que l'on « commet »; c'est une condition de naissance et non un acte personnel. En raison de l'unité originelle de tout le genre humain, ce péché se transmet aux descendants d'Adam avec la nature humaine, « non par imitation, mais par propagation ». Cette transmission reste un mystère que nous ne pouvons saisir pleinement.

77. Quelles sont les autres conséquences provoquées par le péché originel?

Par la suite du péché originel, la nature humaine, sans être entière- 405-409
ment corrompue, est blessée dans ses forces naturelles, soumise à l'igno- 418
rance, à la souffrance, au pouvoir de la mort; elle est inclinée au péché. Cette inclination s'appelle *concupiscence*.

78. Après le premier péché, qu'a fait Dieu?

Après le premier péché, le monde a été envahi par les péchés, mais 410-412
Dieu n'a pas abandonné l'homme au pouvoir de la mort. Au contraire, il a 420
annoncé d'une façon mystérieuse – dans le « Protévangile » (cf. *Gn* 3,15)

– que le mal serait vaincu et que l'homme serait relevé de la chute. C'est la première annonce du Messie rédempteur. C'est pourquoi on ira jusqu'à qualifier la chute d'*heureuse faute* (*felix culpa*), car « elle a mérité un si grand Rédempteur » (Liturgie de la Veillée pascale).

CHAPITRE II

JE CROIS EN JÉSUS CHRIST, LE FILS UNIQUE DE DIEU

79. Quelle est la Bonne Nouvelle pour l'homme?

422-424 C'est l'annonce de Jésus Christ, « le Fils du Dieu vivant » (*Mt* 16,16) mort et ressuscité. Au temps du roi Hérode et de l'empereur César Auguste, Dieu a accompli la promesse faite à Abraham et à sa descendance en envoyant « son Fils, né d'une femme, né sujet de la loi, afin de racheter ceux qui sont nés sous la loi, afin de faire de nous des fils » (*Ga* 4,4-5).

80. Comment s'est répandue la Bonne Nouvelle?

425-429 Dès le début, les premiers disciples ont eu l'ardent désir d'annoncer Jésus Christ dans le but de conduire tous les hommes à la foi en lui. Aujourd'hui encore, de la connaissance aimante du Christ naît le désir d'évangéliser et de catéchiser, c'est-à-dire de révéler en sa personne tout le dessein de Dieu et de mettre l'humanité en communion avec lui.

« Et en Jésus Christ, son Fils unique, notre Seigneur »

81. Que signifie le nom de « Jésus »?

430-435 452 Donné par l'Ange à l'Annonciation, le nom de « Jésus » signifie « Dieu sauve ». Il exprime son identité et sa mission, car « c'est Lui qui sauvera son peuple de ses péchés » (*Mt* 1, 21). Pierre affirme qu'« il n'y a pas sous le ciel d'autre nom par lequel nous puissions être sauvés » (*Ac* 4,12).

82. Pourquoi Jésus est-il appelé « Christ »?

436-440 453 « Christ » en grec, « Messie » en hébreu, signifie « oint ». Jésus est le Christ parce qu'il a été consacré par Dieu, oint par l'Esprit Saint pour sa mission rédemptrice. Il est le Messie attendu par Israël, envoyé dans le monde par le Père. Jésus a accepté le titre de Messie en en précisant toutefois le sens : « Descendu du Ciel » (*Jn* 3,13), crucifié puis ressuscité, il est le Serviteur souffrant, qui « donne sa vie pour racheter la multitude » (*Mt* 20,28). Du nom *Christ* dérive notre nom de *chrétiens*.

83. En quel sens Jésus est-il le « Fils unique de Dieu »?

Il l'est dans un sens unique et parfait. À son Baptême et à la Transfiguration, la voix du Père désigne Jésus comme son « Fils bien-aimé ». Se présentant lui-même comme le Fils qui « connaît le Père » (*Mt* 11,27), Jésus affirme sa relation unique et éternelle avec Dieu son Père. « Il est le Fils unique de Dieu » (*1 Jn* 4,9), la deuxième Personne de la Trinité. Il est le centre de la prédication apostolique : les Apôtres ont vu « sa gloire, la gloire qu'il tient de son Père comme Fils unique » (*Jn* 1,14). 441-445 454

84. Que signifie le titre de « Seigneur »?

Dans la Bible, ce titre désigne d'ordinaire le Dieu souverain. Jésus se l'attribue et révèle sa souveraineté divine par son pouvoir sur la nature, sur les démons, sur le péché et sur la mort, et surtout par sa résurrection. Les premières confessions chrétiennes proclament que la puissance, l'honneur et la gloire rendus à Dieu le Père le sont aussi à Jésus, à qui Dieu « a donné un nom au-dessus de tout autre nom » (*Ph* 2,9). Il est le Seigneur du monde et de l'histoire, le seul auquel l'homme doit soumettre totalement sa liberté personnelle. 446-451 455

JÉSUS CHRIST A ÉTÉ CONÇU DU SAINT-ESPRIT, EST NÉ DE LA VIERGE MARIE

85. Pourquoi le Fils de Dieu s'est-il fait homme?

Le Fils de Dieu s'est incarné dans le sein de la Vierge Marie par l'opération du Saint-Esprit, pour nous les hommes et pour notre salut, c'est-à-dire pour nous réconcilier, nous pécheurs, avec Dieu, pour nous faire connaître son amour infini, pour être notre modèle de sainteté et pour nous rendre « participants de la nature divine » (*2 P* 1,4). 456-460

86. Que signifie le mot « Incarnation »?

L'Église appelle « Incarnation » le mystère de l'admirable union de la nature divine et de la nature humaine en l'unique Personne divine du Verbe. Pour accomplir notre salut, le Fils de Dieu s'est fait « chair » (Jn 1,14), devenant vraiment homme. La foi en l'Incarnation est le signe distinctif de la foi chrétienne. 461-463 483

87. Comment Jésus Christ est-il vrai Dieu et vrai homme?

Jésus Christ est de manière indissociable vrai Dieu et vrai homme dans l'unité de sa Personne divine. Lui, le Fils de Dieu, qui est « engendré, 464-467 469 non pas créé, de même substance que le Père », il s'est vraiment fait homme, notre frère, sans pour autant cesser d'être Dieu, notre Seigneur.

88. Qu'enseigne à ce sujet le Concile de Chalcédoine (en 451)?

467 Le Concile de Chalcédoine enseigne à confesser « un seul et même Fils, Notre Seigneur Jésus Christ, parfait en divinité et parfait en humanité, le même vraiment Dieu et vraiment homme, composé d'une âme rationnelle et d'un corps, consubstantiel au Père selon la divinité, consubstantiel à nous selon l'humanité, 'semblable à nous en tout, à l'exception du péché' (*He* 4,15); engendré du Père avant tous les siècles selon la divinité et, en ces derniers jours, pour nous et notre salut, né de la Vierge Marie, Mère de Dieu, selon l'humanité ».

89. Comment l'Église exprime-t-elle le mystère de l'Incarnation?

464-469
479-481 Elle l'exprime en affirmant que Jésus Christ est vrai Dieu et vrai homme, avec deux natures, divine et humaine, non pas confondues, mais unies dans la Personne du Verbe. Néanmoins, dans l'humanité de Jésus, tout – les miracles, la souffrance et la mort – doit être attribué à sa Personne divine, qui agit par la nature humaine qu'elle assume.

« O Fils unique et Verbe de Dieu, étant immortel, tu as daigné pour notre salut t'incarner de la Sainte Mère de Dieu et toujours Vierge Marie... Toi qui es Un de la Sainte Trinité, glorifié avec le Père et le Saint-Esprit, sauve-nous! » (Liturgie byzantine de saint Jean Chrysostome).

90. Le Fils de Dieu fait homme avait-il une âme avec une connaissance humaine?

470-474
482 Le Fils de Dieu a assumé un corps animé par une âme humaine raisonnable. Avec son intelligence humaine, Jésus a appris beaucoup par l'expérience. Mais aussi comme homme, le Fils de Dieu avait une connaissance intime et immédiate de Dieu son Père. Il pénétrait également les pensées secrètes des hommes et connaissait pleinement les desseins éternels qu'il est venu révéler.

91. Comment s'accordent les deux volontés du Verbe incarné?

475
482 Jésus a une volonté divine et une volonté humaine. Dans sa vie terrestre, le Fils de Dieu a humainement voulu ce qu'il avait divinement

décidé pour notre salut avec le Père et l'Esprit Saint. Sans résistance ni opposition, la volonté humaine du Christ suit la volonté divine; mieux encore, elle lui est soumise.

92. Le Christ avait-il un vrai corps humain?

Le Christ a assumé un vrai corps humain, par lequel Dieu invisible 476-477
s'est rendu visible. Pour cette raison, le Christ peut être représenté et vénéré au moyen d'images saintes.

93. Que représente le cœur de Jésus?

Jésus nous a connus et aimés avec un cœur d'homme. Son cœur trans- 478
percé pour notre salut est le symbole de l'amour infini avec lequel il aime son Père et tous les hommes.

94. « Conçu par l'opération du Saint-Esprit... ». Que signifie cette expression?

Elle signifie que la Vierge Marie a conçu dans son sein le Fils éternel 484-486
par l'action de l'Esprit Saint et sans le concours d'un homme : « L'Esprit Saint viendra sur toi » (*Lc* 1,35), lui a dit l'ange à l'Annonciation.

95. « Né de la Vierge Marie ». Pourquoi Marie est-elle vraiment la Mère de Dieu?

Marie est vraiment *Mère de Dieu* parce qu'elle est la Mère de Jésus 495
(cf. *Jn* 2,1; 19,25). En effet, celui qui a été conçu par l'opération du Saint- 509
Esprit et qui est devenu vraiment son Fils est le Fils éternel du Père. Il est lui-même Dieu.

96. Que signifie l'« Immaculée Conception »?

De toute éternité et de façon toute gratuite, Dieu a choisi Marie pour 487-492
être la Mère de son Fils. Pour accomplir cette mission, elle a été *immaculée* 508
dès sa conception. Cela signifie que, par la grâce de Dieu et en vue des mérites de Jésus Christ, Marie a été préservée du péché originel dès sa conception.

97. Comment Marie collabore-t-elle au dessein divin du salut?

Par la grâce de Dieu, Marie est restée préservée de tout péché personnel 493-494
durant toute son existence. Elle est « pleine de grâce » (*Lc* 1,28), la « Toute 508-511
Sainte ». Quand l'ange lui annonça qu'elle mettrait au monde « le Fils du Très-Haut » (*Lc* 1,32), elle donna librement son consentement dans « l'obéissance de la foi » (*Rm* 1,5). Marie s'est livrée totalement à la

Personne et à l'œuvre de son Fils Jésus, acceptant de toute son âme la volonté divine du salut.

98. Que signifie la conception virginale de Jésus?

496-498 503 Elle signifie que Jésus a été conçu dans le sein de la Vierge par la seule puissance de l'Esprit Saint, sans intervention de l'homme. Il est Fils du Père céleste selon sa nature divine, Fils de Marie selon sa nature humaine, mais vraiment Fils de Dieu dans ses deux natures, étant en lui-même une seule Personne, qui est divine.

99. En quel sens Marie est-elle « toujours vierge »?

499-507 510-511 Dans le sens qu'elle est « restée vierge en concevant son Fils, vierge en l'enfantant, vierge en le portant, vierge en le nourrissant de son sein, vierge mère, vierge toujours » (saint Augustin). Cependant, quand les Évangiles parlent de « frères et sœurs de Jésus », il s'agit de parents proches de Jésus, selon une expression utilisée dans la Sainte Écriture.

100. De quelle manière la maternité spirituelle de Marie est-elle universelle?

501-507 511 Marie a un Fils unique, Jésus, mais, en lui, sa maternité spirituelle s'étend à tous les hommes, qu'il est venu sauver. Obéissant au côté du nouvel Adam, qui est Jésus Christ, la Vierge est la *nouvelle Ève*, la véritable mère des vivants, qui coopère avec son amour maternel à leur naissance et à leur croissance dans l'ordre de la grâce. Vierge et Mère, Marie est la figure de l'Église, sa plus parfaite réalisation.

101. En quel sens toute la vie du Christ est-elle Mystère?

512-521 561-562 Toute la vie du Christ est un événement de révélation. Ce qui est visible dans la vie terrestre du Christ conduit à son *Mystère invisible*, surtout au *Mystère de sa filiation* divine : « Qui me voit, voit le Père » (*Jn* 14,9). D'autre part, bien que le salut soit pleinement accompli par la croix et la résurrection, la vie entière du Christ est *Mystère de salut*, car tout ce que Jésus a fait, a dit et a souffert avait pour but de sauver l'homme déchu et de le rétablir dans sa vocation de fils de Dieu.

102. Quelles ont été les préparations des Mystères de Jésus?

522-524 Avant tout, il y eut durant de nombreux siècles une longue espérance, que nous revivons pendant la célébration liturgique du temps de l'Avent. Outre l'attente obscure qu'il a établie dans le cœur des païens, Dieu a préparé la venue de son Fils à travers l'Ancienne Alliance, jusqu'à *Jean-Baptiste*, qui est le dernier et le plus grand des prophètes.

103. Qu'enseigne l'Évangile sur les mystères de la naissance et de l'enfance de Jésus?

À *Noël*, la gloire du Ciel se manifeste dans la faiblesse d'un nouveau-né. La *circoncision* de Jésus est le signe de son appartenance au peuple juif et la préfiguration de notre Baptême. L'*Épiphanie* est la manifestation du Roi-Messie d'Israël à toutes les nations. Dans la *Présentation au Temple*, en Syméon et Anne, c'est toute l'attente d'Israël qui vient à la *rencontre* de son Sauveur. La *fuite en Égypte* et le massacre des innocents annoncent que la vie entière du Christ sera sous le signe de la persécution. Son *retour d'Égypte* rappelle l'exode et présente Jésus comme le nouveau Moïse : il est le libérateur véritable et définitif. 525-530 563-564

104. Quel enseignement nous offre la vie cachée de Jésus à Nazareth?

Durant la *vie cachée* à Nazareth, Jésus reste dans le silence d'une existence ordinaire. Il nous permet ainsi d'être en communion avec lui dans la sainteté d'une vie quotidienne faite de prière, de simplicité, de labeur, d'amour familial. Sa soumission à Marie et à Joseph, son père putatif, est une image de son obéissance filiale à son Père. Avec leur foi, Marie et Joseph accueillent le mystère de Jésus, bien qu'ils ne le comprennent pas toujours. 533-534 564

105. Pourquoi Jésus reçoit-il de Jean le « baptême de conversion pour le pardon des péchés » (*Lc* 3,3)?

Pour commencer sa vie publique et pour anticiper le *Baptême* de sa mort, il accepte ainsi, bien que sans péché, d'être compté parmi les pécheurs, lui, « l'Agneau de Dieu, qui enlève le péché du monde » (*Jn* 1,29). Le Père le déclare « son Fils bien-aimé » (*Mt* 3,17), et l'Esprit descend sur lui. Le baptême de Jésus est la préfiguration de notre Baptême. 535-537 565

106. Que nous révèlent les tentations de Jésus au désert?

Les tentations de Jésus au désert récapitulent celle d'Adam au paradis et celles d'Israël dans le désert. Satan tente Jésus dans son obéissance à la mission confiée par son Père. Le Christ, nouvel Adam, résiste et sa victoire annonce celle de la passion, obéissance suprême de son amour filial. L'Église s'unit à ce Mystère tout particulièrement dans le temps liturgique du *Carême*. 538-540 566

107. Qui est invité à faire partie du Royaume de Dieu, annoncé et accompli par Jésus?

Jésus invite tous les hommes à faire partie du Royaume de Dieu. Même le pire des pécheurs est appelé à se convertir et à accepter l'infinie 541-546 567 miséricorde du Père. Déjà, sur la terre, le Royaume appartient à ceux qui l'accueillent d'un cœur humble. C'est à eux que sont révélés ses mystères.

108. Pourquoi le Christ manifeste-t-il le Royaume par des signes et des miracles?

547-550
567 Jésus accompagne sa parole de *signes* et de *miracles* pour attester que le Royaume est présent en lui, le Messie. Bien qu'il guérisse certaines personnes, il n'est pas venu pour éliminer ici-bas tous les maux, mais avant tout pour libérer les hommes de l'esclavage du péché. La lutte contre les démons annonce que sa croix l'emportera sur « le prince de ce monde » (*Jn* 12,31).

109. Dans le Royaume, quelle autorité confère le Christ à ses Apôtres?

551-553
567 Jésus choisit les *Douze*, futurs témoins de sa Résurrection. Il les fait participer à sa mission et à son autorité pour enseigner, pour pardonner les péchés, pour édifier et pour gouverner l'Église. Dans ce collège, Pierre reçoit « les clefs du Royaume » (*Mt* 16,19) et occupe la première place, avec la mission de garder la foi dans son intégrité et de confirmer ses frères.

110. Quelle est la signification de la Transfiguration?

554-556
568 À la transfiguration apparaît avant tout la Trinité : « Le Père en sa parole, le Fils dans son humanité, l'Esprit dans la nuée de lumière » (saint Thomas d'Aquin). En évoquant avec Moïse et Élie « son départ » (*Lc* 9, 31), Jésus montre que sa gloire passe par la croix; et il anticipe sa résurrection et son retour dans la gloire, « qui transfigurera notre corps mortel à l'image de son corps glorieux » (*Ph* 3,21).

Tu t'es transfiguré sur la montagne, et, autant qu'ils en étaient capables, tes disciples ont contemplé ta Gloire, Christ Dieu, afin que, lorsqu'ils Te verraient crucifié, ils comprennent que ta passion était volontaire et qu'ils annoncent au monde que Tu es vraiment le rayonnement du Père (Liturgie byzantine).

111. Comment advient l'entrée messianique à Jérusalem?

557-560
569-570 Au temps fixé, Jésus décide de monter à Jérusalem pour souffrir sa passion, mourir et ressusciter. Comme Roi-Messie qui manifeste la venue du Royaume, il entre dans sa ville sur le dos d'un petit âne. Il est accueilli par des enfants, dont l'acclamation est reprise dans le *Sanctus* de la Messe :

« Béni soit celui qui vient au nom du Seigneur. *Hosanna* » (sauve-nous) (*Mt* 21,9). La liturgie de l'Église commence la Semaine sainte par la célébration de cette entrée à Jérusalem.

« Jésus Christ a souffert sous Ponce Pilate, a été crucifié, est mort et a été enseveli »

112. Quelle est l'importance du mystère pascal de Jésus?

Le mystère pascal de Jésus, qui comprend sa passion, sa mort, sa résurrection et sa glorification, est au centre de la foi chrétienne. Car le dessein sauveur de Dieu s'est accompli une fois pour toutes par la mort rédemptrice de son Fils Jésus Christ. 571-573

113. Pour quelles accusations Jésus a-t-il été condamné?

Certains chefs d'Israël ont accusé Jésus d'agir contre la Loi, contre le temple de Jérusalem et en particulier contre la foi au Dieu unique, parce qu'il se proclamait Fils de Dieu. C'est pourquoi ils le livrèrent à Pilate afin qu'il fût condamné à mort. 574-576

114. Quelle a été l'attitude de Jésus envers la Loi d'Israël?

Jésus n'a pas aboli la Loi donnée par Dieu à Moïse sur le mont Sinaï, mais il l'a portée à son achèvement en lui donnant son interprétation définitive. Il est le Législateur divin qui exécute intégralement cette Loi. D'autre part, par sa mort expiatrice, en Serviteur fidèle, il offre le seul sacrifice capable de racheter toutes « les fautes commises par les hommes sous la première Alliance » (*He* 9,15). 577-582 592

115. Quelle a été l'attitude de Jésus à l'égard du temple de Jérusalem?

Jésus a été accusé d'hostilité envers le Temple. Pourtant, il l'a vénéré comme « la maison de son Père » (*Jn* 2,16). Il lui a consacré une part importante de son enseignement. Mais il a aussi prédit sa destruction en relation avec sa propre mort. Il s'est présenté lui-même comme la demeure définitive de Dieu parmi les hommes. 583-586 593

116. Jésus a-t-il contredit la foi d'Israël au Dieu unique et sauveur?

Jésus n'a jamais contredit la foi au Dieu unique, pas même quand il accomplissait l'œuvre divine par excellence qui achevait les promesses messianiques et qui le révélait égal à Dieu : le pardon des péchés. La demande de Jésus de croire en lui et de se convertir permet de saisir la 587-591 594 tragique incompréhension du Sanhédrin, qui a jugé qu'il méritait la mort pour cause de blasphème.

117. Qui est responsable de la mort de Jésus?

595-598 La passion et la mort de Jésus ne peuvent être imputées indistinctement ni à tous les Juifs alors vivants, ni aux Juifs venus ensuite dans le temps et dans l'espace. Tout pécheur individuel, c'est-à-dire tout homme, est réellement la cause et l'instrument des souffrances du Rédempteur. Sont plus gravement coupables ceux qui, surtout s'ils sont chrétiens, retombent souvent dans le péché et se complaisent dans les vices.

118. Pourquoi la mort du Christ fait-elle partie du dessein de Dieu?

599-605
619 Pour réconcilier en lui tous les hommes, voués à la mort à cause du péché, Dieu a pris l'initiative pleine d'amour d'envoyer son Fils afin qu'il se soumette à la mort pour les pécheurs. Annoncée dans l'Ancien Testament, en particulier comme sacrifice du Serviteur souffrant, la mort du Christ est arrivée « selon les Écritures ».

119. Comment le Christ s'est-il offert lui-même au Père?

606-609
620 Toute la vie du Christ est offerte librement au Père pour accomplir son dessein de salut. Il a donné sa vie « en rançon pour la multitude » (*Mc* 10, 45). Par là, il réconcilie toute l'humanité avec Dieu. Sa souffrance et sa mort manifestent que sa propre humanité a été l'instrument libre et parfait de l'Amour divin qui veut le salut de tous les hommes.

120. Comment s'exprime l'offrande de Jésus lors la dernière Cène?

610-611
621 Au cours de la dernière Cène avec ses Apôtres, la veille de sa passion, Jésus anticipe, c'est-à-dire signifie et réalise par avance, l'offrande volontaire de lui-même : « Ceci est mon corps livré pour vous » (*Lc* 22,19), « Ceci est mon sang répandu… » (*Mt* 26,28). Ainsi, il a institué en même temps l'Eucharistie comme « mémorial » (cf. *1 Co* 11,25) de son sacrifice et ses Apôtres comme prêtres de la nouvelle Alliance.

121. Que s'est-il produit lors de l'agonie au jardin de Gethsémani?

612 Malgré l'horreur que cause la mort dans l'humanité toute sainte de celui qui est l'« Auteur de la Vie » (*Ac* 3,15), la volonté humaine du Fils de Dieu adhère à la volonté du Père : pour nous sauver, Jésus accepte de porter nos péchés dans son corps, « en devenant obéissant jusqu'à la mort » (*Ph* 2,8).

122. Quels sont les effets du sacrifice du Christ sur la croix?

Jésus a librement offert sa vie en sacrifice d'expiation, c'est-à-dire qu'il a réparé nos fautes par la pleine obéissance de son amour jusqu'à la mort. Cet « amour jusqu'au bout » (*Jn* 13,1) du Fils de Dieu réconcilie toute l'humanité avec le Père. Le sacrifice pascal du Christ rachète donc tous les hommes d'une façon unique, parfaite et définitive, et leur ouvre la communion avec Dieu. 613-617 622-623

123. Pourquoi Jésus appelle-t-il ses disciples à prendre leur croix?

En demandant à ses disciples de prendre leur croix et de le suivre, Jésus veut associer à son sacrifice rédempteur ceux-là même qui en sont les premiers bénéficiaires. 618

124. En quelles conditions était le corps de Jésus lorsqu'il se trouvait au tombeau?

Le Christ a connu une vraie mort et une vraie sépulture. Mais la vertu divine a préservé son corps de la corruption. 624-630

« JÉSUS CHRIST EST DESCENDU AUX ENFERS,
EST RESSUSCITÉ LE TROISIÈME JOUR »

125. Que sont « les enfers », où Jésus est descendu?

Les « enfers » – qui sont différents de l'*enfer* de la damnation – constituaient la situation de tous ceux qui, justes ou méchants, étaient morts avant le Christ. Avec son âme unie à sa Personne divine, Jésus a rejoint dans les enfers les justes, qui attendaient leur Rédempteur pour pouvoir enfin accéder à la vision de Dieu. Après avoir vaincu, par sa mort, la mort et le diable qui a « le pouvoir de la mort » (*He* 2,14), il a libéré les justes en attente du Rédempteur et il leur a ouvert les portes du Ciel. 632-637

126. Quelle est la place de la résurrection du Christ dans notre foi?

La résurrection est la vérité la plus haute de notre foi dans le Christ. Avec la croix, elle représente une part essentielle du Mystère pascal. 631,638

127. Quels « signes » attestent la Résurrection de Jésus?

Hormis le signe essentiel que constitue le tombeau vide, la Résurrection de Jésus est attestée par les femmes qui, les premières, l'ont rencontré et l'ont annoncé aux Apôtres. Jésus est « apparu ensuite à Céphas (Pierre), puis aux Douze. Ensuite, il est apparu à plus de cinq cents frères à la fois» (*1 Co* 15,5-6) et à d'autres encore. Les Apôtres n'ont pu inventer la 639-644 656-657 résurrection, car elle leur apparaissait impossible. En effet, Jésus leur a aussi reproché leur incrédulité.

128. Pourquoi la Résurrection est-elle en même temps un événement transcendant?

647
656-657 Tout en étant un événement historique, que l'on peut constater et qui est attesté par des signes et des témoignages, la Résurrection, parce qu'elle est l'entrée de l'humanité du Christ dans la gloire de Dieu, transcende et dépasse l'histoire, comme mystère de la foi. C'est pour cette raison que le Christ ressuscité ne se manifeste pas au monde, mais à ses disciples, faisant d'eux ses témoins devant le peuple.

129. Quel est l'état du corps ressuscité de Jésus?

645-646 La Résurrection du Christ n'est pas un retour à la vie terrestre. Son corps ressuscité est celui qui a été crucifié et qui porte les signes de sa Passion, mais il participe désormais de la vie divine avec les propriétés d'un corps glorieux. C'est la raison pour laquelle Jésus ressuscité est souverainement libre d'apparaître à ses disciples comme il veut, où il veut et sous des aspects variés.

130. De quelle manière la Résurrection est-elle l'œuvre de la Sainte Trinité?

648-650 La Résurrection du Christ est une action transcendante de Dieu. Les trois Personnes agissent ensemble selon le mode qui leur est propre. Le Père manifeste sa puissance, le Fils « reprend » la vie qu'il a librement offerte (*Jn* 10,17), réunissant son âme et son corps que l'Esprit Saint vivifie et glorifie.

131. Quels sont le sens et la portée de la Résurrection pour le salut?

651-655
658 La Résurrection est le point culminant de l'Incarnation. Elle confirme la divinité du Christ, ainsi que tout ce qu'il a fait et enseigné. Elle réalise toutes les promesses divines en notre faveur. De plus, le Ressuscité, vainqueur du péché et de la mort, est le principe de notre justification et de notre résurrection. Dès à présent, elle nous procure la grâce de l'adoption filiale qui est une participation réelle à la vie du Fils unique, lequel, à la fin des temps, ressuscitera notre corps.

« Jésus est monté au ciel
Il siège à la droite du Père tout-puissant »

132. Que représente l'Ascension?

659-667 Après quarante jours pendant lesquels il s'est manifesté à ses Apôtres sous les traits d'une humanité ordinaire qui voilaient sa gloire de Ressucité, le Christ est monté au ciel et s'est assis à la droite du Père. Il est le Seigneur qui règne désormais avec son humanité dans la gloire éternelle de Fils de Dieu et qui sans cesse intercède en notre faveur auprès du Père. Il envoie son Esprit et nous donne l'espérance de le rejoindre un jour, là où il nous a préparé une place.

« D'OÙ IL VIENDRA JUGER LES VIVANTS ET LES MORTS »

133. Comment le Seigneur Jésus règne-t-il aujourd'hui?

Seigneur du monde et de l'histoire, Chef de son Église, le Christ 668-674 680
glorieux demeure mystérieusement sur la terre, où son Royaume est déjà présent en germe et en commencement dans l'Église. Un jour, il reviendra dans la gloire, mais nous n'en connaissons pas l'heure. C'est pourquoi nous vivons en veillant dans la prière : « Viens, Seigneur » (*Ap* 22,20).

134. Comment s'accomplira la venue du Seigneur dans la gloire?

Après le dernier bouleversement cosmique de ce monde qui passe, la 675-677 680
venue glorieuse du Christ arrivera avec le triomphe définitif de Dieu dans la Parousie du Christ et avec le jugement dernier. Ainsi s'accomplira le Royaume de Dieu.

135. Comment le Christ jugera-t-il les vivants et les morts?

Le Christ jugera avec la puissance qu'il s'est acquise comme 678-679 681-682
Rédempteur du monde, venu pour sauver les hommes. Les secrets des cœurs seront dévoilés, ainsi que la conduite de chacun envers Dieu et envers son prochain. Tout homme recevra la vie ou sera condamné pour l'éternité selon ses œuvres. Ainsi s'accomplira « la plénitude du Christ » (*Ep* 4,13), dans laquelle « Dieu sera tout en tous » (*1 Co* 15,28).

CHAPITRE III

JE CROIS AU SAINT-ESPRIT

136. Que veut dire l'Église quand elle professe : « Je crois au Saint-Esprit »?

Croire en l'Esprit Saint, c'est professer la troisième Personne de la 683-686
Sainte Trinité, qui procède du Père et du Fils, et qui est « adoré et glorifié avec le Père et le Fils ». L'Esprit « est envoyé [...] dans nos cœurs » (*Ga* 4,6) pour que nous recevions la vie nouvelle des enfants de Dieu.

137. Pourquoi les missions du Fils et de l'Esprit sont-elles inséparables?

687-690 742-743 Dans la Trinité indivisible, le Fils et l'Esprit sont distincts, mais inséparables. En effet, du commencement à la fin des temps, quand le Père envoie son Fils, il envoie aussi son Esprit, qui nous unit au Christ par la foi, afin que nous puissions, comme fils adoptifs, appeler Dieu « Père » (*Rm* 8,15). L'Esprit est invisible, mais nous le connaissons par son action, lorsqu'il nous révèle le Verbe et qu'il agit dans l'Église.

138. Quels sont les vocables de l'Esprit Saint?

691-693 « Esprit Saint » est le nom propre de la troisième Personne de la Sainte Trinité. Le Christ l'appelle aussi Esprit Paraclet (Consolateur, Avocat) et Esprit de Vérité. Le Nouveau Testament l'appelle encore Esprit du Christ, du Seigneur, de Dieu, Esprit de gloire, de la promesse.

139. Quels sont les symboles qui représentent le Saint-Esprit?

694-701 Ils sont nombreux. L'*eau* vive qui jaillit du cœur transpercé du Christ et abreuve les baptisés; l'*onction* avec l'huile, qui est le signe sacramentel de la Confirmation ; le *feu* qui transforme ce qu'il touche; la *nuée*, obscure ou lumineuse, où se révèle la gloire divine; l'*imposition des mains* par laquelle l'Esprit est donné; la *colombe* qui descend sur le Christ et demeure sur lui au moment de son baptême.

140. Que signifie « l'Esprit a parlé par les prophètes »?

687-688 702-706 743 Le terme de *prophètes* s'entend ici de ceux qui furent inspirés de l'Esprit Saint pour parler au nom de Dieu. L'Esprit porte les prophéties de l'Ancien Testament à leur plein accomplissement dans Christ, dont le mystère se dévoile dans le Nouveau Testament.

141. Quelle est l'action de l'Esprit en Jean-Baptiste?

717-720 L'Esprit remplit Jean-Baptiste, le dernier prophète de l'Ancien Testament, qui, sous son action, est envoyé pour « préparer un peuple au Seigneur » (*Lc* 1,17), et pour annoncer la venue du Christ, le Fils de Dieu, celui sur lequel il a vu descendre et demeurer l'Esprit, celui qui « baptise dans l'Esprit » (*Jn* 1,33).

142. Quelle est l'œuvre de l'Esprit en Marie?

721-726 744 En Marie le Saint-Esprit porte à son achèvement toutes les attentes de la venue du Christ et sa préparation dans l'Ancien Testament. D'une manière unique, il la remplit de grâce et rend féconde sa virginité, pour donner naissance dans la chair au Fils de Dieu. Il fait d'elle la Mère du « Christ total », c'est-à-dire du Christ Tête et de l'Église son corps. Marie est présente au milieu des Douze le jour de la Pentecôte, quand l'Esprit inaugure les « derniers temps » avec la manifestation de l'Église.

143. Quel rapport y a-t-il entre l'Esprit et le Christ Jésus dans sa mission terrestre?

Depuis son Incarnation, le Fils de Dieu est consacré Messie dans son humanité, par l'onction de l'Esprit. Il révèle l'Esprit dans son enseignement, accomplissant la promesse faite aux Pères, et il le communique à l'Église naissante en soufflant sur les Apôtres après la Résurrection. 727-730 745-746

144. Qu'est-il arrivé à la Pentecôte?

Cinquante jours après sa Résurrection, à la Pentecôte, Jésus Christ glorifié a répandu l'Esprit à profusion et il l'a manifesté comme Personne divine, de sorte que la Trinité Sainte est pleinement révélée. La mission du Christ et de l'Esprit devient la mission de l'Église, envoyée pour annoncer et pour répandre le mystère de la communion trinitaire. 731-732 738

> *« Nous avons vu la vraie lumière, nous avons reçu l'Esprit céleste, nous avons trouvé la vraie foi : nous adorons la Trinité indivisible, car c'est elle qui nous a sauvés »* (Liturgie byzantine, tropaire de la Pentecôte).

145. Quelle est l'action de l'Esprit dans l'Église?

L'Esprit édifie, anime et sanctifie l'Église. Esprit d'amour, il restaure chez les baptisés la ressemblance divine perdue à cause du péché et il les fait vivre dans le Christ de la Vie même de la Sainte Trinité. Il les envoie témoigner de la Vérité du Christ et il les établit dans leurs fonctions réciproques, afin que tous portent « le fruit de l'Esprit » (*Ga* 5,22). 733-741 747

146. Comment agissent le Christ et son esprit dans le cœur des fidèles?

Par l'intermédiaire des *sacrements*, le Christ communique son Esprit aux membres de son Corps, ainsi que la grâce de Dieu qui porte les fruits de la *vie nouvelle* selon l'Esprit. Enfin, le Saint-Esprit est le Maître de la *prière*. 738-741

« JE CROIS À LA SAINTE ÉGLISE CATHOLIQUE »

L'Église dans le dessein de Dieu

147. Que signifie le mot Église?

751-752 777, 804 Il désigne le peuple que Dieu convoque et rassemble de tous les confins de la terre, pour constituer l'assemblée de ceux qui, par la foi et par le Baptême, deviennent fils de Dieu, membres du Christ et temple de l'Esprit Saint.

148. Dans la Bible, quels sont les autres noms et images qui désignent l'Église?

753-757 Dans la Sainte Écriture, nous trouvons de nombreuses images qui mettent en évidence les différents aspects du mystère de l'Église. L'Ancien Testament privilégie les images liées au *peuple de Dieu*; le Nouveau Testament celles se rattachant au Christ comme Tête de ce peuple, qui est son Corps; elles sont tirées de la vie pastorale (bergerie, troupeau, brebis), de la vie rurale (champ, olivier, vigne), de l'habitat (demeure, pierre, temple), de la famille (épouse, mère, famille).

149. Quel est le commencement et l'achèvement de l'Église?

758-766 778 L'Église a son commencement et son achèvement dans le dessein éternel de Dieu. Elle a été préparée dans l'Ancienne Alliance par l'élection d'Israël, signe du rassemblement futur de toutes les nations. Fondée sur la parole et sur l'action de Jésus Christ, elle s'est accomplie surtout par sa mort rédemptrice et sa résurrection. Elle s'est manifestée ensuite comme mystère de salut par l'effusion de l'Esprit Saint à la Pentecôte. Elle aura son achèvement à la fin des temps comme assemblée céleste de tous les rachetés.

150. Quelle est la mission de l'Église?

767-769 La mission de l'Église est d'annoncer et d'instaurer au milieu de toutes les nations le Royaume de Dieu inauguré par Jésus Christ. Elle constitue sur la terre le germe et le commencement de ce Royaume du salut.

151. En quel sens l'Église est-elle *Mystère*?

770-773 779 L'Église est mystère parce que, dans sa réalité visible, elle représente et accomplit une réalité spirituelle, divine, qui se perçoit uniquement avec les yeux de la foi.

152. Que signifie pour l'Église être sacrement universel du salut?

774-776 780 Cela signifie qu'elle est signe et instrument de la réconciliation et de la communion de toute l'humanité avec Dieu et de l'unité de tout le genre humain.

L'Église : peuple de Dieu, Corps du Christ, Temple de l'Esprit Saint

153. Pourquoi l'Église est-elle le peuple de Dieu?

L'Église est le peuple de Dieu parce qu'il a plu à Dieu de sanctifier 781 802-804
et de sauver les hommes non pas séparément, mais en les constituant en un seul peuple, rassemblé dans l'unité du Père, du Fils et de l'Esprit Saint.

154. Quelles sont les caractéristiques du peuple de Dieu?

Ce peuple, dont on devient membre par la foi au Christ et par le 782
Baptême, a pour *origine* Dieu le Père, pour *Chef* Jésus Christ, pour *condition* la dignité et la liberté des fils de Dieu, pour *loi*, le commandement nouveau de l'amour, pour *mission* d'être le sel de la terre et la lumière du monde, pour *fin* le Royaume de Dieu, déjà commencé sur la terre.

155. En quel sens le peuple de Dieu prend-il part aux trois fonctions du Christ, sacerdotale, prophétique et royale?

Le peuple de Dieu prend part à la fonction *sacerdotale* du Christ parce 783-786
que les baptisés sont consacrés par l'Esprit Saint pour offrir des sacrifices spirituels. Il participe à sa fonction *prophétique* parce que, grâce au sens surnaturel de la foi, il s'attache de manière indéfectible à la foi, il en approfondit l'intelligence et il en devient témoin. Il participe à sa fonction *royale* par le service, imitant le Christ Jésus, roi de l'univers, qui s'est fait serviteur de tous, surtout des pauvres et de ceux qui souffrent.

156. De quelle manière l'Église est-elle Corps du Christ?

Par l'Esprit Saint, le Christ, mort et ressuscité, unit intimement à lui- 787-791 805-806
même ses fidèles. Ainsi, ceux qui croient au Christ, parce qu'ils sont étroitement unis à lui, surtout dans l'Eucharistie, sont unis entre eux par la charité, formant un seul corps, l'Église, dont l'unité se réalise dans la diversité des membres et des fonctions.

157. Qui est la tête de ce corps?

Le Christ « est la Tête du corps, c'est-à-dire de l'Église » (*Col* 1,18). 792-795 807
L'Église vit de lui, en lui et par lui. Le Christ et l'Église forment le « Christ total » (saint Augustin). « Tête et membres, une seule et même personne mystique pour ainsi dire » (saint Thomas d'Aquin).

158. Pourquoi dit-on de l'Église qu'elle est l'épouse du Christ?

796
808 Parce que le Seigneur lui-même s'est défini comme l'« Époux » (Mc 2,19) qui a aimé l'Église, qui s'est lié à elle par une Alliance éternelle. Il s'est livré pour elle, afin de la purifier par son sang, de la « rendre sainte » (Ep 5,26) et d'en faire la mère féconde de tous les fils de Dieu. Si le terme de « corps » fait apparaître l'unité de la « tête » et des membres, le terme « épouse » met en relief la distinction des deux dans une relation personnelle.

159. Pourquoi dit-on de l'Église qu'elle est le temple de l'Esprit Saint?

797-798
809-810 Parce que le Saint-Esprit réside dans le corps qui est l'Église, dans sa Tête et dans ses membres; en outre, il édifie l'Église dans la charité, par la Parole de Dieu, les sacrements, les vertus et les charismes.

« Ce que notre esprit, je veux dire notre âme, est à nos membres, l'Esprit Saint l'est aux membres du Christ, au Corps du Christ, je veux dire l'Église » (saint Augustin).

160. Les charismes, que sont-ils?

799-801 Les charismes sont des dons particuliers de l'Esprit Saint impartis aux personnes pour le bien des hommes, pour les nécessités du monde et spécialement pour l'édification de l'Église. C'est au Magistère de l'Église qu'il revient de les discerner.

L'Église est une, sainte, catholique et apostolique

161. Pourquoi l'Église est-elle *une*?

813-815
866 L'Église est une, parce qu'elle a comme origine et comme modèle l'unité d'un seul Dieu, dans la Trinité des Personnes; comme fondateur et comme tête, Jésus Christ, qui rassemble tous les peuples dans l'unité d'un seul corps; comme âme, l'Esprit Saint, qui unit tous les fidèles dans la communion dans le Christ. Elle a une seule foi, une seule vie sacramentelle, une seule succession apostolique, une espérance commune et la même charité.

162. Où subsiste l'unique Église du Christ?

816
870 Comme société constituée et organisée dans le monde, l'unique Église du Christ subsiste (subsistit in) dans l'Église catholique, gouvernée par le successeur de Pierre et par les Évêques en communion avec lui. C'est seulement par elle que l'on peut atteindre la plénitude des moyens de

salut, car le Seigneur a confié tous les biens de la Nouvelle Alliance au seul collège apostolique, dont la tête est Pierre.

163. Comment considérer les chrétiens non catholiques?

Dans les Églises et Communautés ecclésiales, qui se sont séparées 817-819
de la pleine communion de l'Église catholique, se rencontrent de nombreux éléments de sanctification et de vérité. Tous ces éléments de bien proviennent du Christ et tendent vers l'unité catholique. Les membres de ces Églises et Communautés sont incorporés au Christ par le Baptême; nous les reconnaissons donc comme des frères.

164. Comment s'engager en faveur de l'unité des chrétiens?

Le désir de rétablir l'union entre tous les chrétiens est un don du Christ 820-822
et un appel de l'Esprit Saint. Il concerne toute l'Église et il s'accomplit par 866
la conversion du cœur, la prière, la connaissance fraternelle réciproque, le dialogue théologique.

165. En quel sens l'Église est-elle *sainte*?

L'Église est sainte parce que le Dieu très saint en est l'auteur. Le Christ 823-829
s'est livré lui-même pour elle, afin de la sanctifier et de la rendre sanctifiante. 867
L'Esprit Saint la vivifie par la charité. En elle réside la plénitude des moyens du salut. La sainteté est la vocation de chacun de ses membres et le but de toute son action. L'Église compte en son sein la Vierge Marie et d'innombrables saints, qui sont ses modèles et ses intercesseurs. La sainteté de l'Église est la source de la sanctification pour ses fils, qui, sur la terre, se reconnaissent tous pécheurs et qui ont toujours besoin de se convertir et de se purifier.

166. Pourquoi l'Église est-elle appelée catholique?

L'Église est *catholique*, c'est-à-dire *universelle*, parce que le Christ 830-831
est présent en elle. « Là où est le Christ Jésus, là est l'Église catholique » 868
(saint Ignace d'Antioche). Elle annonce la totalité et l'intégralité de la foi. Elle contient et elle administre la plénitude des moyens du salut. Elle est envoyée en mission à toutes les nations, à toutes les époques et à quelque culture qu'elles appartiennent.

167. Une Église *particulière* est-elle catholique?

Est catholique toute Église *particulière* (c'est-à-dire un diocèse ou une 832-835
éparchie) formée par la communauté des chrétiens qui sont en communion dans la foi et dans les sacrements avec leur Évêque ordonné dans la succession apostolique et avec l'Église de Rome, qui « préside à la charité » (saint Ignace d'Antioche).

168. Qui fait partie de l'Église catholique?

836-838 Tous les hommes, sous diverses formes, appartiennent ou sont ordonnés à l'unité catholique du peuple de Dieu. Est pleinement incorporé à l'Église catholique celui qui, ayant l'Esprit du Christ, est uni à elle par lesliens de la profession de foi, des sacrements, du gouvernement ecclésiastique et de la communion. Les baptisés qui ne réalisent pas pleinement cette unité catholique sont dans une certaine communion, bien qu'imparfaite, avec l'Église catholique.

169. Quelle est le rapport de l'Église catholique avec le peuple juif?

839-840 L'Église catholique reconnaît son rapport avec le peuple juif dans le fait que Dieu a élu ce dernier, avant tous les autres, pour accueillir sa Parole. C'est au peuple juif qu'appartiennent « l'adoption des fils, la gloire, les alliances, la loi, le culte, les promesses de Dieu; ils ont les patriarches, et c'est de leur race que le Christ est né selon la chair » (*Rm* 9,4.5). À la différence des autres religions non chrétiennes, la foi juive est déjà réponse à la Révélation du Dieu de l'Ancienne Alliance.

170. Quel lien existe-t-il entre l'Église catholique et les religions non chrétiennes?

841-845 C'est un lien issu avant tout de l'origine et de la fin communes de tout le genre humain. L'Église catholique reconnaît que ce qu'il y a de bon et de vrai dans les autres religions vient de Dieu. C'est un rayon de sa vérité. Cela peut disposer à l'accueil de l'Évangile et pousser à l'unité de l'humanité dans l'Église du Christ.

171. Que signifie l'affirmation « *Hors de l'Église pas de salut* »?

846-848 Cela signifie que tout salut vient du Christ-Tête par l'intermédiaire de l'Église, qui est son Corps. Ne peuvent donc pas être sauvés ceux qui, sachant l'Église fondée par le Christ et nécessaire au salut, ne veulent pas y entrer, ni y persévérer. D'autre part, grâce au Christ et à son Église, peuvent parvenir au salut éternel ceux qui, sans faute de leur part, ignorent l'Évangile du Christ et son Église, mais recherchent Dieu sincèrement et, sous l'influence de la grâce, s'efforcent de faire sa volonté, reconnue à travers ce que leur dicte leur conscience.

172. Pourquoi l'Église doit-elle annoncer l'Évangile au monde entier?

849-851 Parce que le Christ l'a commandé : « Allez et enseignez toutes les nations, baptisant au nom de Père, et du Fils, et du Saint-Esprit » (*Mt* 28,19). Ce commandement missionnaire du Seigneur a sa source dans l'amour éternel de Dieu, qui a envoyé son Fils et son Esprit parce qu'« il veut que tous les hommes soient sauvés et parviennent à la connaissance de la vérité » (1 Tm 2,4).

173. Comment l'Église est-elle missionnaire?

Guidée par l'Esprit Saint, l'Église poursuit tout au long de l'histoire 852-856
la mission du Christ lui-même. Les chrétiens doivent donc annoncer à tous la Bonne Nouvelle apportée par le Christ, en suivant le même chemin que lui, en étant prêts également au sacrifice jusqu'au martyre.

174. Pourquoi l'Église est-elle apostolique?

L'Église est apostolique par son *origine*, parce qu'elle a « pour fon- 857 869
dations les Apôtres » (*Ep* 2,20); par son *enseignement*, qui est celui des Apôtres; par sa *structure*, parce qu'elle est édifiée, sanctifiée et gouvernée, jusqu'au retour du Christ, par les Apôtres, grâce à leurs successeurs, les Évêques en communion avec le successeur de Pierre.

175. En quoi consiste la mission des Apôtres?

Le mot *Apôtre* signifie envoyé. Jésus, l'Envoyé du Père, appela à lui 858-861
les Douze, choisis parmi ses disciples, et il les institua ses Apôtres, faisant d'eux les témoins de sa résurrection et les fondements de son Église. Il leur donna mandat de poursuivre sa mission, leur disant : « Comme mon Père m'a envoyé, moi aussi je vous envoie » (*Jn* 20,21), et il leur promit d'être avec eux jusqu'à la fin du monde.

176. Qu'est-ce que la succession apostolique?

La succession apostolique est la transmission, par le sacrement de 861-865
l'Ordre, de la mission et de l'autorité des Apôtres à leurs successeurs, les Évêques. Par cette transmission, l'Église demeure en communion de foi et de vie avec son origine, tandis qu'au long des siècles, elle exerce son apostolat par la diffusion du Royaume du Christ sur la terre.

Les fidèles : hiérarchie, laïcs, vie consacrée

177. Qui sont les fidèles?

Les fidèles sont ceux qui, incorporés au Christ par le Baptême, sont 871-872 934
établis membres du peuple de Dieu. Rendus participants, selon leur condition propre, aux fonctions sacerdotale, prophétique et royale du Christ, ils sont appelés à exercer la mission confiée par Dieu à l'Église. Entre eux, demeure une véritable égalité en raison de leur dignité de fils de Dieu.

178. Comment le peuple de Dieu est-il composé?

873 Dans l'Église, par institution divine, il y a les *ministres sacrés*, qui ont reçu le sacrement de l'Ordre et qui forment la hiérarchie de l'Église. Les autres sont appelés *laïcs*. Des uns et des autres sont issus des fidèles qui se *consacrent* à Dieu de façon particulière par la profession des conseils évangéliques : la chasteté dans le célibat, la pauvreté et l'obéissance.

179. Pourquoi le Christ a-t-il institué la hiérarchie ecclésiastique?

874-877
935 Le Christ a institué la hiérarchie ecclésiastique en vue de la mission de paître le peuple de Dieu en son nom; et c'est pourquoi il lui a donné l'autorité. La hiérarchie est composée des ministres sacrés : Évêques, prêtres, diacres. Par le sacrement de l'Ordre, les Évêques et les prêtres agissent, dans l'exercice de leur ministère, au nom et dans la personne du Christ-Tête. Les diacres servent le peuple de Dieu dans la *diaconie* (service) de la parole, de la liturgie et de la charité.

180. Comme se réalise la dimension collégiale du ministère ecclésial?

877 À l'exemple des douze Apôtres, choisis et envoyés ensemble par le Christ, l'union des membres de la hiérarchie ecclésiastique est au service de la communion de tous les fidèles. Tout Évêque exerce son ministère comme membre du collège épiscopal, en communion avec le Pape, ayant avec lui à prendre part à la sollicitude de l'Église universelle. Les prêtres exercent leur ministère au sein du presbytérium de l'Église particulière en communion avec l'Évêque et sous son autorité.

181. Pourquoi le ministère ecclésial a-t-il aussi un caractère personnel?

878-880 Le ministère ecclésial a aussi un caractère personnel, parce que, en vertu du sacrement de l'Ordre, chacun est responsable devant le Christ, qui l'a personnellement appelé en lui confiant une mission.

182. Quelle est la mission du Pape?

881-882
936-937 Le Pape, Évêque de Rome et successeur de saint Pierre, est principe perpétuel et visible, et fondement de l'unité de l'Église. Il est le vicaire du Christ, la Tête du collège des Évêques et le pasteur de toute l'Église, sur laquelle il a, par institution divine, un pouvoir plénier, suprême, immédiat et universel.

183. Quelle est la charge du Collège des Évêques?

883-885 Le Collège des Évêques, en communion avec le Pape et jamais sans lui, exerce aussi sur l'Église un pouvoir suprême et plénier.

184. Comment les Évêques exercent-ils leur mission d'enseigner?

En communion avec le Pape, les Évêques ont le devoir d'annoncer 886-980
l'Évangile à tous, fidèlement et avec autorité. Ils sont les témoins authen- 939
tiques de la foi apostolique, revêtus de l'autorité du Christ. Grâce au sens surnaturel de la foi, le Peuple de Dieu, guidé par le Magistère vivant de l'Église, adhère indéfectiblement à la foi.

185. Quand s'exerce l'infaillibilité du Magistère?

L'infaillibilité s'exerce quand le Souverain Pontife, en vertu de son 891
autorité de suprême Pasteur de l'Église, ou le Collège des Évêques en communion avec le Pape, surtout lorsqu'ils sont rassemblés en Concile œcuménique, déclarent par un acte définitif une doctrine relative à la foi ou à la morale, ou encore quand le Pape et les Évêques, dans leur magistère ordinaire, sont unanimes à déclarer une doctrine comme définitive. À cet enseignement, tout fidèle doit adhérer dans l'obéissance de la foi.

186. Comment les Évêques exercent-ils leur ministère de sanctification?

Les Évêques sanctifient l'Église en dispensant la grâce du Christ par 893
le ministère de la Parole et des sacrements, en particulier l'Eucharistie, et aussi par la prière, tout comme par leur exemple et leur travail.

187. Comment les Évêques exercent-ils leur fonction de gouvernement?

En tant que membre du collège épiscopal, tout Évêque porte de 894-896
manière collégiale la sollicitude de toutes les Églises particulières et de l'Église entière, en union avec les autres Évêques unis au pape. L'Évêque à qui est confiée une Église particulière la gouverne avec l'autorité du pouvoir sacré qui lui est propre, ordinaire et immédiat, pouvoir exercé au nom du Christ, le Bon Pasteur, en communion avec toute l'Église et sous la conduite du successeur de Pierre.

188. Quelle est la vocation des fidèles laïcs?

Les fidèles laïcs ont pour vocation propre de rechercher le Royaume de 897-900
Dieu, en éclairant et en gérant les réalités temporelles selon Dieu. Ils 940
réalisent ainsi l'appel à la sainteté et à l'apostolat, adressé à tous les baptisés.

189. Comment les fidèles laïcs participent-ils à la fonction sacerdotale du Christ?

Ils y participent en offrant – comme sacrifice spirituel « offert à Dieu 901-903
par Jésus Christ » (*1 P* 2,5), par-dessus tout dans l'Eucharistie – leur propre vie, avec leurs actions, leurs prières et leurs engagements apostoliques, leur

vie de famille et leur travail quotidien, les difficultés de la vie supportées en patience et les moments de détente corporelle et spirituelle. De cette manière, les laïcs qui s'engagent pour le Christ et qui sont consacrés par l'Esprit Saint offrent eux aussi à Dieu le monde lui-même.

190. Comment prennent-ils part à sa fonction prophétique?

904-907 942 Ils y participent en accueillant toujours plus dans la foi la Parole du Christ et en l'annonçant au monde par le témoignage de leur vie, ainsi que par la parole, l'action évangélisatrice et la catéchèse. Une telle action évangélisatrice acquiert une efficacité particulière du fait qu'elle s'accomplit dans les conditions ordinaires de la vie dans le monde.

191. Comment participent-ils à sa fonction royale?

908-913 943 Les laïcs participent à la fonction royale du Christ en ayant reçu de lui le pouvoir de vaincre le péché, en eux-mêmes et dans le monde, par le renoncement personnel et par la sainteté de leur vie. Ils exercent divers ministères au service de la communauté et ils imprègnent de valeur morale les activités temporelles de l'homme et les institutions de la société.

192. Qu'est-ce que la vie consacrée?

914-916 944 C'est un état de vie reconnu par l'Église. Il est une réponse libre à un appel particulier du Christ, dans lequel les personnes consacrées se donnent totalement à Dieu et tendent à la perfection de la charité sous la motion de l'Esprit Saint. Cette consécration se caractérise par la pratique des conseils évangéliques.

193. Que procure la vie consacrée à la mission de l'Église?

931-933 945 La vie consacrée participe à la mission de l'Église par un don total de soi au Christ et à ses frères, témoignant de l'espérance du Royaume des cieux.

Je crois à la communion des saints

194. Que signifie l'expression communion des saints?

946-953 960 Cette expression signifie avant tout la participation commune de tous les membres de l'Église aux réalités saintes (*sancta*) : la foi, les sacrements, en particulier l'Eucharistie, les charismes et les autres dons spirituels. À la source de la communion, il y a la charité, qui « ne cherche pas son intérêt » (*1 Co* 13,5), mais qui pousse les fidèles à « mettre tout en commun » (*Ac* 4,32), même leurs biens matériels, pour le service des plus pauvres.

195. Que signifie encore la communion des saints?

Elle désigne également la communion entre les personnes saintes (*sancti*), à savoir entre ceux qui, par la grâce, sont unis au Christ mort et ressuscité. Les uns sont en pèlerinage sur la terre, d'autres, ayant quitté cette vie, achèvent leur purification, soutenus aussi par nos prières, d'autres enfin jouissent déjà de la gloire de Dieu et intercèdent pour nous. Tous ensemble, ils forment dans le Christ une unique famille, l'Église, à la louange et à la gloire de la Trinité. 954-959 961-962

Marie, Mère du Christ, Mère de l'Église

196. En quel sens la Bienheureuse Vierge Marie est-elle Mère de l'Église?

La bienheureuse Vierge Marie est Mère de l'Église dans l'ordre de la grâce parce qu'elle a donné naissance à Jésus, le Fils de Dieu, Tête de son Corps qui est l'Église. En mourant sur la croix, Jésus l'a donnée comme mère à son disciple, par ces mots : « Voici ta mère » (*Jn* 19,27). 963-966 973

197. Comment la Vierge Marie aide-t-elle l'Église?

Après l'ascension de son Fils, la Vierge Marie a aidé, par ses prières, les débuts de l'Église et, même après son assomption au ciel, elle continue d'intercéder pour ses enfants, d'être pour tous un modèle de foi et de charité, et d'exercer sur eux une influence salutaire, qui vient de la surabondance des mérites du Christ. Les fidèles voient en elle une icône et une anticipation de la résurrection qui les attend, et ils l'invoquent sous les titres d'avocate, d'auxiliatrice, de secours, de médiatrice. 967-970

198. Quel type de culte convient-il à la Sainte Vierge?

C'est un culte particulier, mais qui diffère essentiellement du culte d'adoration, réservé uniquement à la Sainte Trinité. Ce culte de vénération spéciale trouve une expression particulière dans les fêtes liturgiques dédiées à la Mère de Dieu ainsi que dans les prières mariales, comme le Rosaire, résumé de tout l'Évangile. 971

199. Comment la bienheureuse Vierge Marie est-elle l'icône eschatologique de l'Église?

En regardant Marie, toute sainte et déjà glorifiée en son corps et en son âme, l'Église contemple en elle ce qu'elle-même est appelée à être sur la terre et ce qu'elle sera dans la patrie céleste. 972 974-975

« Je crois à la rémission des péchés»

200. Comment les péchés sont-ils remis?

976-980 984-985 Le premier et le principal sacrement pour le pardon des péchés est le Baptême. Pour les péchés commis après le Baptême, le Christ a institué le sacrement de la Réconciliation ou de la Pénitence, par lequel le baptisé est réconcilié avec Dieu et avec l'Église.

201. Pourquoi l'Église a-t-elle le pouvoir de pardonner les péchés?

981-983 986-987 L'Église a la mission et le pouvoir de pardonner les péchés, parce que c'est le Christ lui-même qui les lui a conférés : « Recevez l'Esprit Saint. Tout homme à qui vous remettrez ses péchés, ils lui seront remis; tout homme à qui vous maintiendrez ses péchés, ils lui seront maintenus » (*Jn* 20,22-23).

« Je crois à la résurrection de la chair »

202. Que signifie le terme *chair*? Quelle est son importance?

990 1015 Le terme *chair* désigne l'homme dans sa condition de faiblesse et de mortalité. « La chair est le pivot du salut » (Tertullien). En effet, nous croyons en Dieu, créateur de la chair; nous croyons au Verbe fait chair pour racheter la chair, nous croyons en la résurrection de la chair, achèvement de la création et de la rédemption de la chair.

203. Que signifie la « résurrection de la chair »?

990 Cela signifie que l'état définitif de l'homme ne sera pas seulement l'âme spirituelle séparée du corps, mais que nos corps mortels sont aussi appelés à reprendre vie un jour.

204. Quel rapport y a-t-il entre la résurrection du Christ et la nôtre?

988-991, 1002-1003 De même que le Christ est vraiment ressuscité des morts et vit pour toujours, de même, il nous ressuscitera tous, au dernier jour, avec un corps incorruptible, « ceux qui ont fait le bien ressuscitant pour entrer dans la vie, et ceux qui ont fait le mal ressuscitant pour être jugés » (*Jn* 5,29).

205. À la mort, qu'arrivera-t-il à notre corps et à notre âme?

992-1004 1016-1018 À la mort, l'âme et le corps sont séparés, le corps tombe en corruption, tandis que l'âme, qui est immortelle, va vers le jugement de Dieu et attend d'être réunie au corps quand il sera transformé, lors du retour du Seigneur. Comprendre *comment* se produira la résurrection dépasse les capacités de notre imagination et de notre entendement.

206. Que signifie mourir dans le Christ Jésus?

Cela signifie mourir dans la grâce de Dieu, sans péché mortel. Celui qui croit au Christ et qui suit son exemple peut ainsi transformer sa mort en acte d'obéissance et d'amour envers le Père. « Cette parole est sûre : si nous mourons avec lui, avec lui nous vivrons » (*2 Tm* 2,11). 1005-1014 1019

« Je crois à la vie éternelle »

207. Qu'est-ce que la vie éternelle?

La vie éternelle est la vie qui commence aussitôt après la mort. Elle n'aura pas de fin. Elle sera précédée pour chacun par un jugement particulier prononcé par le Christ, juge des vivants et des morts, et elle sera scellée au jugement final. 1020 1051

208. Qu'est ce que le jugement particulier?

C'est le jugement de rétribution immédiate que chacun, à partir de sa mort, reçoit de Dieu en son âme immortelle, en relation avec sa foi et ses œuvres. Cette rétribution consiste dans l'accession à la béatitude du ciel, aussitôt ou après une purification proportionnée, ou au contraire à la condamnation éternelle de l'enfer. 1021-1022 1051

209. Qu'entend-on par « ciel »?

On entend par « ciel » l'état de bonheur suprême et définitif. Ceux qui meurent dans la grâce de Dieu et qui n'ont besoin d'aucune purification ultérieure sont réunis autour de Jésus et de Marie, des anges et des saints. Ils forment ainsi l'Église du ciel, où ils voient Dieu « face à face » (*1 Co* 13,12); ils vivent en communion d'amour avec la Sainte Trinité et ils intercèdent pour nous. 1023-1026 1053

> *« La vie subsistante et vraie, c'est le Père qui, par le Fils et l'Esprit Saint, déverse sur tous sans exception les dons célestes. Grâce à sa miséricorde, nous aussi, hommes, nous avons reçu la promesse indéfectible de la vie éternelle »* (saint Cyrille de Jérusalem).

210. Qu'est-ce que le *purgatoire*?

Le purgatoire est l'état de ceux qui meurent dans l'amitié divine, mais qui, tout en étant assurés de leur salut éternel, ont encore besoin de purification pour entrer dans la béatitude du ciel. 1030-1031 1054

211. Comment pouvons-nous contribuer à la purification des âmes du purgatoire?

1032 En vertu de la communion des saints, les fidèles qui sont encore en pèlerinage sur la terre peuvent aider les âmes du purgatoire, en offrant pour elles des prières de suffrage, en particulier le Sacrifice eucharistique, mais aussi des aumônes, des indulgences et des œuvres de pénitence.

212. En quoi consiste l'enfer?

1033-1035 1056-1057 Il consiste dans la damnation éternelle de ceux qui, par libre choix, meurent en état de péché mortel. La peine principale de l'enfer est la séparation éternelle de Dieu. C'est en Dieu seul que l'homme possède la vie et le bonheur pour lesquels il a été créé et auxquels il aspire. Le Christ exprime cette réalité par ces mots : « Allez-vous-en loin de moi, maudits, dans le feu éternel » (*Mt* 25,41).

213. Comment concilier l'existence de l'enfer et l'infinie bonté de Dieu?

1036-1037 S'il veut que « tous parviennent au repentir » (*2 P* 3,9), Dieu a toutefois créé l'homme libre et responsable, et il respecte ses décisions. C'est donc l'homme lui-même qui, en pleine autonomie, s'exclut volontairement de la communion avec Dieu, si, jusqu'au moment de sa mort, il persiste dans le péché mortel, refusant l'amour miséricordieux de Dieu.

214. En quoi consistera le jugement dernier?

1038-1041 1058-1059 Le jugement dernier (universel) consistera dans la sentence de vie bienheureuse ou de condamnation éternelle, que le Seigneur Jésus, lors de son retour comme juge des vivants et des morts, prononcera pour « les justes et les pécheurs » (*Ac* 24,15), rassemblés tous ensemble devant lui. A la suite de ce jugement dernier, le corps ressuscité participera à la rétribution que l'âme a reçue dans le jugement particulier.

215. Quand ce jugement arrivera-t-il?

1040 Ce jugement se produira à la fin du monde, dont seul Dieu connaît le jour et l'heure.

216. Que signifie l'espérance des cieux nouveaux et de la nouvelle terre?

1042-1050 1060 Après le jugement dernier, l'univers lui-même, délivré de l'esclavage de la corruption, participera à la gloire du Christ avec l'inauguration des

« cieux nouveaux » et de la « nouvelle terre » (*2 P* 3,13). Ainsi, sera atteinte la plénitude du Royaume de Dieu, c'est-à-dire l'accomplissement définitif du dessein sauveur de Dieu : « Récapituler toutes choses dans le Christ, dans le ciel et sur la terre » (*Ep* 1,10). Dieu sera alors « tout en tous » (*1 Co* 15,28), pour la vie éternelle.

« *Amen* »

217. Que signifie le mot *amen*, qui conclut notre profession de foi?

Le mot juif *amen* qui conclut aussi le dernier livre de l'Écriture Sainte, 1064-1065
ainsi que certaines prières du Nouveau Testament et les prières liturgiques de l'Église, signifie notre « oui » confiant et total à ce que nous avons professé de croire, nous confiant entièrement à celui qui est l'« Amen » définitif (*Ap* 3,14), le Christ Seigneur.

Dans la peinture, ici représentée, Jésus s'approche des Apôtres près de la table et, l'un après l'autre, il leur donne la communion. C'est un genre pictural qui montre la grande piété eucharistique de l'Église tout au long des siècles.

« Sine dominico non possumus » disait martyr Eméritus, au début du IVe siècle, durant l'une des plus impitoyables persécutions contre les chrétiens, celle de Dioclétien, en 304 après Jésus-Christ. Accusé d'avoir participé à l'Eucharistie avec sa communauté, il admet sans réticence : « Sans l'Eucharistie, nous ne pouvons vivre ». Et une des martyrs ajoute : « Oui, je suis allée à l'assemblée et j'ai célébré la cène du Seigneur avec mes frères, parce que je suis chrétienne » (Passion des martyrs d'Abitina, c. 11; 7,16). À cause de leur fidélité eucharistique, 49 martyrs nord-africains furent condamnés à mort. Jésus Eucharistie était la vie véritable pour Saturnin et ses compagnons martyrs d'Abitina, en Afrique proconsulaire. Ils préférèrent mourir plutôt que de se priver de la nourriture eucharistique, pain de la vie éternelle.

Saint Thomas d'Aquin avait l'habitude, à mi-journée, de descendre à l'église et, plein de confiance et d'abandon, d'apposer son front contre le tabernacle dans un colloque intime avec Jésus Eucharistie. Ce grand théologien médiéval est aussi connu pour avoir composé l'Office de la Fête du *Corpus Domini,* dans lequel il exprime pleinement sa profonde dévotion eucharistique.

L'Hymne des Louanges *(Verbum supernum prodiens),* est la synthèse de la spiritualité eucharistique catholique :

« Sur le point d'être livré à la mort, par le traître à ses complices,
[Jésus] se donna lui-même à ses disciples comme nourriture de vie.
Il leur donna sous une double espèce, sa Chair et son Sang;
afin que, par cette double substance, il nourrisse l'homme tout entier.
En naissant, il se donna comme compagnon,
en s'asseyant à table avec eux, comme nourriture,
en mourant, comme récompense ».

Thomas d'Aquin, qui appelait l'Eucharistie « sommet et perfection de toute la vie spirituelle », ne fait qu'exprimer la conscience de foi de l'Église, qui croit en l'Eucharistie, présence vivante de Jésus au milieu de nous et nourriture indispensable à la vie spirituelle. L'Eucharistie constitue le fil rouge qui, à partir de la dernière Cène, relie tous les siècles de l'histoire de l'Église jusqu'à nous aujourd'hui. Les paroles de la consécration : « Ceci est mon Corps » et « Ceci est mon Sang », ont été prononcées, toujours et partout, même dans les goulags, dans les camps de concentration, dans les milliers de prisons qui existent encore aujourd'hui. C'est sur cet horizon eucharistique que l'Église fonde sa vie, sa communion et sa mission.

JOOS VAN WASSENHOVEN, *Jésus donne la communion aux Apôtres*, Galerie nationale des Marches, Urbino.

DEUXIÈME PARTIE

LA CÉLÉBRATION DU MYSTÈRE CHRÉTIEN

PREMIÈRE SECTION

L'ÉCONOMIE SACRAMENTELLE

Le sacrifice de la croix est la source de l'économie sacramentelle de l'Église. Dans l'image, Marie, symbole de l'Église, recueille de sa main gauche du côté transpercé de Jésus, le sang et l'eau, symboles des sacrements de l'Église :

« Quand ils arrivèrent à Jésus, voyant qu'il était déjà mort, ils ne lui brisèrent pas les jambes, mais un des soldats avec sa lance lui perça le côté; et aussitôt, il en sortit du sang et de l'eau » (*Jn* 19,33-34).

Saint Augustin commente : « Notre Seigneur Jésus Christ, qui en souffrant, a offert pour nous ce qu'il avait pris de nous en naissant, devenu pour l'éternité le plus grand des prêtres, disposa que l'on offrit le sacrifice que vous voyez, c'est-à-dire son corps et son sang. En effet, son corps, déchiré par la lance, répandit l'eau et le sang, avec lesquels il remit nos péchés. En vous rappelant cette grâce, en vous redonnant la santé (car, de plus, c'est Dieu qui le fait en vous), apprêtez-vous, avec crainte et trépidation, à participer de cet autel. Reconnaissez dans le pain, le même [corps] que vous avez pendu sur la croix, et dans le calice, le même [sang] qui jaillit de son côté. Les sacrifices antiques du peuple de Dieu, dans leur multiple variété, préfiguraient aussi cet unique sacrifice qui devait venir. Et le Christ est en même temps l'agneau, en vertu de l'innocence de son âme pure, et le bouc, à cause de sa chair, semblable à celle du péché. Et tout ce qui est préfiguré de nombreuses et diverses manières dans les sacrifices de l'Ancien Testament, se réfère seulement à ce [sacrifice], qui a été révélé dans le Nouveau Testament.

Prenez donc et mangez le Corps du Christ, vous qui êtes maintenant devenus membres du Christ, dans le Corps du Christ; prenez et buvez-vous le sang du Christ. Pour ne pas vous séparer, mangez ce qui vous unit; pour ne pas vous considérer comme peu de chose, buvez votre prix. Comme il se transforme en vous lorsque vous en mangez et buvez, de même, vous aussi, vous vous transformez dans le Corps du Christ, si dans votre vie, vous vivez dans l'obéissance et dans la piété. En effet, déjà proche de sa passion, célébrant la Pâque avec ses disciples, il prit le pain, le bénit en disant : "Ceci est mon corps qui sera livré pour vous". De la même manière, après l'avoir béni, il donna le calice, en disant : "Ceci est mon sang, le sang de la nouvelle alliance, qui sera versé pour la multitude en rémission des péchés". Cela, vous le lisiez déjà et vous l'entendiez de l'Évangile, cependant vous ne saviez pas que cette Eucharistie est le Fils lui-même; mais à présent, avec le cœur purifié dans une conscience sans tâche, et avec le corps lavé dans une eau pure, approchez-vous de lui et vous serez illuminés, et vos visages ne rougiront pas » (*Discours* 228 B).

CHAPELLE « REDEMPTORIS MATER », *Mosaïque de la paroi de l'Incarnation*, Cité du Vatican. Artiste : Ivan Rupnik,

218. Qu'est-ce que la Liturgie?

La Liturgie est la célébration du Mystère du Christ, en particulier de son Mystère pascal. Dans la liturgie, par l'intermédiaire de l'exercice de la fonction sacerdotale de Jésus Christ, est signifiée et réalisée, par des signes, la sanctification des hommes. Le Corps mystique du Christ, à savoir la tête et les membres, exerce le culte public qui est dû à Dieu. 1066-1070

219. Quelle est la place de la Liturgie dans la vie de l'Église?

Action sacrée par excellence, la liturgie constitue le sommet vers lequel tend l'action de l'Église et en même temps la source d'où provient sa force de vie. Par la liturgie, le Christ continue dans son Église, avec elle et par elle l'œuvre de notre rédemption. 1071-1075

220. En quoi consiste l'économie sacramentelle?

L'économie sacramentelle consiste dans le fait de communiquer les fruits de la rédemption du Christ par la célébration des sacrements de l'Église, en tout premier lieu de l'Eucharistie, « jusqu'à ce qu'il revienne » (*1 Co* 11,26). 1076

CHAPITRE I

LE MYSTÈRE PASCAL DANS LA VIE DE L'ÉGLISE

La liturgie, œuvre de la Sainte Trinité

221. Comment le Père est-il la source et la fin de la liturgie?

Dans la liturgie, le Père nous comble de ses bénédictions en son Fils incarné, mort et ressuscité pour nous, et il répand dans nos cœurs l'Esprit Saint. En même temps, l'Église bénit le Père par l'adoration, la louange, l'action de grâces, et elle implore le don de son Fils et de l'Esprit Saint. 1077-1083 1110

222. Quelle est l'œuvre du Christ dans la liturgie?

Dans la liturgie, le Christ signifie et accomplit principalement son Mystère pascal. En donnant l'Esprit Saint aux Apôtres, il leur a donné, ainsi qu'à leurs successeurs, le pouvoir de réaliser l'œuvre du salut par le 1084-1090

Sacrifice eucharistique et par les sacrements, où il agit lui-même pour communiquer sa grâce aux fidèles de tous les temps et dans le monde entier.

223. Dans la liturgie, comment le Saint-Esprit agit-il par rapport à l'Église?

1091-1109 1112 Dans la liturgie s'opère la coopération la plus étroite de l'Esprit Saint et de l'Église. L'Esprit Saint prépare l'Église à rencontrer son Seigneur. Il rappelle le Christ à la foi de l'assemblée et le lui manifeste. Il rend présent et actualise le mystère du Christ; il unit l'Église à la vie et à la mission du Christ, et il fait fructifier en elle le don de la communion.

Le mystère pascal dans les sacrements de l'Église

224. Pourquoi les sacrements? Quels sont-ils?

1113-1131 Les sacrements sont des signes sensibles et efficaces de la grâce, institués par le Christ et confiés à l'Église, par lesquels nous est donnée la vie divine. Ils sont au nombre de sept : le Baptême, la Confirmation, l'Eucharistie, la Pénitence, l'Onction des malades, l'Ordre et le Mariage.

225. Quel est le rapport des sacrements avec le Christ?

1114-1116 Les mystères de la vie du Christ constituent le fondement de ce que maintenant, par les ministres de l'Église, le Christ dispense dans les sacrements.

> *« Ce qui était visible dans notre Sauveur est passé dans les sacrements »* (saint Léon le Grand).

226. Quel est le lien des sacrements avec l'Église?

1117-1119 Le Christ a confié les sacrements à son Église. Ils sont « de l'Église » en un double sens : ils sont « par l'Église », parce qu'ils sont action de l'Église, qui est le sacrement de l'action du Christ; ils sont « pour l'Église », en ce sens qu'ils édifient l'Église.

227. Qu'est-ce que le *caractère* sacramentel?

1121 C'est un *sceau* spirituel conféré par les sacrements du Baptême, de la Confirmation et de l'Ordre. Il est promesse et garantie de la protection divine. En vertu de ce sceau, le chrétien est configuré au Christ; il participe de diverses manières à son sacerdoce. Il fait partie de l'Église selon des états et des fonctions différents. Il a ainsi pour vocation le culte divin et le service de l'Église. Puisque leur caractère est indélébile, les sacrements qui l'impriment ne sont reçus qu'une seule foi dans la vie.

228. Quel est le rapport des sacrements avec la foi?

Non seulement les sacrements supposent la foi, mais encore, par les 1122-1126 1133
paroles et les éléments rituels, ils la nourrissent, la fortifient et l'expriment. En célébrant les sacrements, l'Église confesse la foi apostolique. De là vient l'ancien adage « *lex orandi, lex credendi* », ce qui veut dire : l'Église croit comme elle prie.

229. Pourquoi les sacrements sont-ils efficaces?

Les sacrements sont efficaces *ex opere operato* (« par le fait même 1127-1128 1131
que l'action sacramentelle est accomplie »). C'est en effet le Christ qui agit en eux et qui communique la grâce qu'ils signifient, indépendamment de la sainteté personnelle du ministre; toutefois les fruits du sacrement dépendent aussi des dispositions de ceux qui les reçoivent.

230. Pourquoi les sacrements sont-il nécessaires au salut?

Même s'ils ne sont pas tous donnés à chaque croyant, les sacrements 1129
sont nécessaires à ceux qui croient au Christ, parce qu'ils confèrent les grâces sacramentelles, le pardon des péchés, l'adoption comme fils de Dieu, la conformation au Christ Seigneur et l'appartenance à l'Église. L'Esprit Saint guérit et transforme ceux qui les reçoivent.

231. Qu'est-ce que la grâce sacramentelle?

La grâce sacramentelle est la grâce de l'Esprit Saint, donnée par le 1129; 1131 1134; 2003
Christ et propre à chaque sacrement. Cette grâce aide le fidèle sur le chemin de la sainteté; elle aide aussi l'Église à croître dans la charité et dans son témoignage.

232. Quel est le rapport des sacrements avec la vie éternelle?

Dans les sacrements, l'Église reçoit déjà une anticipation de la vie 1130
éternelle, tout en demeurant « dans l'attente de la bienheureuse espérance et de la manifestation de la gloire de notre Dieu et Seigneur Jésus Christ » (*Tt* 2,13).

CHAPITRE II

LA CÉLÉBRATION SACRAMENTELLE DU MYSTÈRE PASCAL

CÉLÉBRER LA LITURGIE DE L'ÉGLISE

Qui célèbre?

233. Qui agit dans la liturgie?

1135-1137 1187 Dans la liturgie, c'est le *Christ total (« Christus Totus »)*, Tête et Corps, qui agit. En tant que Souverain Prêtre, il célèbre avec son Corps, qui est l'Église du ciel et de la terre.

234. Qui célèbre la liturgie céleste?

1138-1139 La liturgie céleste est célébrée par les anges, les saints de l'Ancienne et de la Nouvelle Alliance, en particulier par la Mère de Dieu, les Apôtres, les martyrs et une « multitude immense » que nul ne peut dénombrer, « de toutes nations, races, peuples et langues » (*Ap* 7,9). Quand nous célébrons dans les sacrements le mystère du salut, nous prenons part à cette liturgie éternelle.

235. Comment l'Église de la terre célèbre-t-elle la liturgie?

1140-1144 1188 L'Église sur la terre célèbre la liturgie en tant que peuple sacerdotal, au sein duquel chacun agit selon sa fonction propre, dans l'unité de l'Esprit Saint. Les baptisés s'offrent en sacrifice spirituel, les ministres ordonnés célèbrent selon l'Ordre qu'ils ont reçu pour le service de tous les membres de l'Église; Évêques et prêtres agissent dans la personne du Christ Tête.

Comment célébrer?

236. Comment est célébrée la liturgie?

1145 La célébration liturgique est composée de signes et de symboles, dont la signification, enracinée dans la création et dans les cultures humaines, se précise dans les événements de l'Ancienne Alliance et s'accomplit pleinement dans la Personne et dans les œuvres du Christ.

237. D'où proviennent les signes sacramentels?

1146-1152 1189 Certains proviennent de la création (la lumière, l'eau, le feu, le pain, le vin, l'huile); d'autres proviennent de la vie sociale (laver, oindre, rompre le pain); d'autres encore, de l'histoire du salut dans l'Ancienne Alliance (les rites de la Pâque, les sacrifices, l'imposition des mains, les consécrations).

De tels signes, dont certains sont prescrits et immuables, assumés par le Christ, sont porteurs de l'action du salut et de la sanctification.

238. Quel lien existe-t-il entre les gestes et les paroles dans la célébration sacramentelle?

Dans la célébration sacramentelle, gestes et paroles sont étroitement 1153-1155 1190
liés. En effet, même si les gestes symboliques sont déjà en eux-mêmes un langage, il est pourtant nécessaire que les paroles rituelles les accompagnent et les vivifient. Inséparables à la fois comme signes et enseignement, les paroles et les gestes liturgiques le sont aussi parce qu'ils réalisent ce qu'ils signifient.

239. Selon quels critères le chant et la musique ont-ils leur rôle dans la célébration liturgique?

Le chant et la musique sont en connexion étroite avec l'action litur- 1156-1158 1191
gique; ils doivent donc respecter les critères suivants : conformité à la doctrine catholique des textes, tirés de préférence de l'Écriture et des sources liturgiques, beauté expressive de la prière, qualité de la musique, participation de l'assemblée, richesse culturelle du peuple de Dieu, caractère sacré et solennel de la célébration. « *Qui chante prie deux fois* » (saint Augustin).

240. Quelle est le but des images saintes?

L'image du Christ est l'icône liturgique par excellence; les autres 1159-1161 1192
images représentant la Vierge et les saints signifient le Christ qui est glorifié en eux. Elles proclament le message évangélique lui-même que la Sainte Écriture transmet par la parole. Elles contribuent à réveiller et à nourrir la foi des croyants.

Quand célébrer?

241. Quel est le centre du temps liturgique?

Le centre du temps liturgique est le dimanche, fondement et cœur de 1163-1167 1193
toute l'année liturgique, qui, chaque année, a son sommet à Pâques, la fête des fêtes.

242. Quel est le rôle de l'année liturgique?

Au cours de l'année liturgique, l'Église célèbre la totalité du 1168-1173 1194-1195
Mystère du Christ, de son Incarnation jusqu'à son retour dans la gloire. Certains jours, l'Église vénère avec une affection spéciale la bienheureuse Vierge Marie, Mère de Dieu, et elle fait aussi mémoire des saints, qui ont

vécu pour le Christ, qui ont souffert avec lui et qui sont avec lui dans la gloire.

243. Qu'est-ce que la liturgie des Heures?

1174-1178 1196 La liturgie des Heures, prière publique et habituelle de l'Église, est la prière du Christ avec son Corps. Par elle, le Mystère du Christ, que nous célébrons dans l'Eucharistie, sanctifie et transfigure le temps de chaque jour. Elle se compose principalement de Psaumes et d'autres textes bibliques, ainsi que de lectures des Pères et des maîtres spirituels.

Où célébrer?

244. L'Église a-t-elle besoin de lieux pour célébrer la liturgie?

1179-1181 1197-1198 Le culte « en esprit et en vérité » (*Jn* 4,24) de la Nouvelle Alliance n'est lié à aucun lieu en particulier, car le Christ est le véritable temple de Dieu, grâce auquel les chrétiens et l'Église entière deviennent, sous l'action de l'Esprit Saint, temples du Dieu vivant. Toutefois, le Peuple de Dieu, dans sa condition terrestre, a besoin de lieux où la communauté peut se rassembler pour célébrer la liturgie.

245. Que sont les édifices sacrés?

1181 1198-1999 Ils sont les maisons de Dieu, symbole de l'Église qui vit en tel lieu précis et symbole de la demeure céleste. Ce sont des lieux de prière dans lesquels l'Église célèbre surtout l'Eucharistie et adore le Christ, réellement présent dans le tabernacle.

246. Quels sont les endroits privilégiés à l'intérieur des édifices sacrés?

1182-1186 Ce sont : l'autel, le tabernacle, le lieu où sont conservés le saint-chrême et les autres huiles saintes, le siège de l'Évêque (cathèdre) ou du curé, l'ambon, la cuve baptismale, le confessionnal.

La diversité liturgique et l'unité du mystère

247. Pourquoi l'unique Mystère du Christ est-il célébré au sein de l'Église selon différentes traditions liturgiques?

1200-1204 1207-1209 Parce que l'insondable richesse du Mystère du Christ ne peut être épuisée par une seule tradition liturgique. Depuis l'origine, cette richesse a donc trouvé, dans les différents peuples et les différentes cultures, des expressions qui se caractérisent par une variété et une complémentarité admirables.

248. Quel est le critère qui garantit l'unité dans cette pluralité?

C'est la fidélité à la Tradition apostolique, à savoir la communion dans 1209
la foi et dans les sacrements reçus des Apôtres, communion signifiée et garantie par la succession apostolique. L'Église est catholique : elle peut donc intégrer dans son unité toutes les véritables richesses des différentes cultures.

249. Tout est-il immuable dans la liturgie?

Dans la liturgie, surtout dans la liturgie des sacrements, il y a des 1205-1206
éléments immuables, parce qu'ils sont d'institution divine, dont l'Église est la fidèle gardienne. Il y a aussi des éléments susceptibles de changement, qu'elle a le pouvoir et parfois le devoir d'adapter aux cultures des différents peuples.

DEUXIÈME SECTION

LES SEPT SACREMENTS DE L'ÉGLISE

Les sept sacrements de l'Église

Le Baptême
la Confirmation
l'Eucharistie
la Pénitence
l'Onction des malades
l'Ordre
Le Mariage

Septem Ecclesiæ Sacramenta

Baptísmum
Confirmátio
Eucharístia
Pæniténtia
Únctio infirmórum
Ordo
Matrimónium.

Les sacrements de l'Église sont le fruit du sacrifice rédempteur de Jésus en croix. Le triptyque représente une église où sont célébrés les sept sacrements. Au centre, se dresse, de manière prédominante, la croix. Au pied du Crucifié, se trouve Marie, brisée, soutenue par Jean, ainsi que les pieuses femmes. En arrière plan, un prêtre célébrant élève l'hostie après la consécration pour indiquer que le sacrifice de la croix est réactualisé dans la célébration eucharistique sous les espèces du pain et du vin. Dans la partie gauche, qui montre une chapelle latérale, sont représentés les sacrements du Baptême, de la Confirmation, administrée par l'Évêque, et de la Pénitence. Dans la partie droite, par contre, sont représentés les sacrements de l'Ordre, administré également par l'Évêque, du Mariage et de l'Onction des malades.

ROGIER VAN DER WEYDEN, *triptyque des sept sacrements*, Koninklijk Museum voor Schone Kunsten, Anvers. Photo: Erich Lessing/Art Resource, NY.

250. Comment se distinguent les sacrements?

On distingue : les sacrements de l'initiation chrétienne (Baptême, Confirmation et Eucharistie), les sacrements de la guérison (Pénitence et Onction des malades), les sacrements au service de la communion et de la mission (Ordre et Mariage). Ils concernent les moments importants de la vie chrétienne. Tous sont ordonnés à l'Eucharistie « comme à leur fin spécifique » (saint Thomas d'Aquin). 1210-1211

CHAPITRE I
LES SACREMENTS DE L'INITIATION CHRÉTIENNE

251. Comment se réalise l'initiation chrétienne?

Elle se réalise par les sacrements qui posent les *fondements* de la vie chrétienne. Renés par le Baptême, les fidèles sont fortifiés par la Confirmation et se nourrissent de l'Eucharistie. 1212 1275

LE SACREMENT DU BAPTÊME

252. Quels sont les noms du premier sacrement de l'initiation?

Il prend d'abord le nom de *Baptême* en raison du rite central de la célébration. Baptiser veut dire « plonger » dans l'eau. Celui qui est baptisé est plongé dans la mort du Christ et il ressuscite avec lui comme « créature nouvelle » (*2 Co* 5,17). On l'appelle encore « bain de la régénération et de la rénovation dans l'Esprit Saint » (*Tt* 3,5) et « illumination », parce que le baptisé devient « fils de la lumière » (*Ep* 5,8). 1213-1216 1276-1277

253. Comment le baptême est-il préfiguré dans l'Ancienne Alliance?

Dans l'Ancienne Alliance, on trouve diverses préfigurations du Baptême : l'*eau*, source de vie et de mort, l'*arche de Noé*, qui sauve par l'eau, le *passage de la Mer Rouge*, qui a délivré Israël de la servitude en Égypte, la *traversée du Jourdain*, qui fait entrer Israël dans la terre promise, image de la vie éternelle. 1217-1222

254. Qui porte ces préfigurations à leur accomplissement?

C'est Jésus Christ qui, au début de sa vie publique, se fait baptiser dans le Jourdain par Jean-Baptiste. Sur la croix, de son côté transpercé, 1223-1224 jaillissent le sang et l'eau, signes du Baptême et de l'Eucharistie. Après sa Résurrection, il a confié aux Apôtres la mission suivante : « Allez, enseignez toutes les nations, baptisez-les au nom du Père, et du Fils, et du Saint-Esprit » (*Mt* 28,19).

255. Depuis quand et à qui l'Église administre-t-elle le Baptême?

1226-1228 Depuis le jour de la Pentecôte, l'Église administre le Baptême à ceux qui croient en Jésus Christ.

256. Quel est le rite essentiel du Baptême?

1229-1245
1278 Le rite essentiel de ce sacrement consiste à plonger dans l'eau le candidat ou à verser de l'eau sur sa tête, en prononçant l'invocation : *au nom du Père, et du Fils, et du Saint Esprit.*

257. Qui peut recevoir le Baptême?

1246-1252 Toute personne non encore baptisée peut recevoir ce sacrement.

258. Pourquoi l'Église baptise-t-elle les petits enfants?

1250 Parce que, étant nés avec le péché originel, les petits enfants ont besoin d'être délivrés du pouvoir du Malin et d'être introduits dans le royaume de la liberté des fils de Dieu.

259. Que demande-t-on à un baptisé?

1253-1255 À tout baptisé, on demande de faire la profession de foi, qui est exprimée personnellement dans le cas d'un adulte, ou par les parents et par l'Église dans le cas d'un petit enfant. Le parrain ou la marraine, et la communauté ecclésiale entière ont, eux aussi, une part de responsabilité dans la préparation au Baptême (catéchuménat), de même que dans le développement de la foi et de la grâce baptismale.

260. Qui peut baptiser?

1256
1284 Les ministres ordinaires du Baptême sont l'Évêque et les prêtres; dans l'Église latine, il y a également le diacre. En cas de nécessité, toute personne peut baptiser, pourvu qu'elle ait l'intention de faire ce que fait l'Église. Celui qui baptise verse de l'eau sur la tête du candidat et prononce la formule baptismale trinitaire : « Je te baptise au nom du Père, et du Fils, et du Saint-Esprit ».

261. Le Baptême est-il nécessaire pour être sauvé?

1257 Le Baptême est nécessaire pour ceux auxquels l'Évangile a été annoncé et qui ont la possibilité de demander ce sacrement.

262. Peut-on être sauvé sans le Baptême?

Parce que le Christ est mort pour le salut de tous les hommes, peuvent aussi être sauvés sans le Baptême ceux qui sont morts à cause de la foi (*Baptême du sang*), les catéchumènes et de même ceux qui, sous la motion de la grâce, sans avoir la connaissance du Christ ni de l'Église, recherchent sincèrement Dieu et s'efforcent d'accomplir sa volonté (*Baptême de désir*). Quant aux petits enfants morts sans Baptême, l'Église dans sa liturgie les confie à la miséricorde de Dieu. 1258-1261 1281-1283

263. Quels sont les effets du Baptême?

Le Baptême remet le péché originel, tous les péchés personnels et les peines dues au péché. Il fait participer à la vie divine trinitaire par la grâce sanctifiante, par la grâce de la justification qui incorpore au Christ et à son Église. Il donne part au sacerdoce du Christ et il constitue le fondement de la communion avec tous les chrétiens. Il dispense les vertus théologales et les dons de l'Esprit Saint. Le baptisé appartient pour toujours au Christ : il est marqué du sceau indélébile du Christ (*caractère*). 1262-1274 1279-1280

264. Quel sens revêt le nom chrétien donné au Baptême?

Tout nom est important puisque que Dieu connaît chacun par son nom, c'est-à-dire par son caractère unique. Au Baptême, le chrétien reçoit dans l'Église un nom particulier, de préférence celui d'un saint, qui offre au baptisé un modèle de sainteté et qui l'assure de son intercession auprès de Dieu. 2156-2159 2167

Le sacrement de la Confirmation

265. Quelle est la place de la Confirmation dans le dessein divin du salut?

Dans l'Ancienne Alliance, les prophètes ont annoncé le don de l'Esprit du Seigneur au Messie attendu et à tout le peuple messianique. Toute la vie et la mission du Christ se déroulent dans une totale communion avec l'Esprit Saint. Les Apôtres le reçoivent à la Pentecôte et annoncent les « merveilles de Dieu » (*Ac* 2,11). Par l'imposition des mains, ils transmettent aux nouveaux baptisés le don de l'Esprit lui-même. Tout au long des siècles, l'Église a continuellement vécu de l'Esprit et l'a transmis à ses fils. 1285-1288 1315

266. Pourquoi parle-t-on de la Chrismation ou de la Confirmation?

On dit *Chrismation* (dans les Églises orientales on parle de Chrismation avec le saint-myron, qui veut dire saint-chrême), parce que le rite 1289 essentiel en est l'onction. On l'appelle *Confirmation*, parce qu'elle confirme et renforce la grâce baptismale.

267. Quel est le rite essentiel de la Confirmation?

1290-1301 1318 1320-1321 Le rite essentiel de la Confirmation est l'onction avec le saint-chrême (huile parfumée, consacrée par l'Évêque). Il s'effectue par l'imposition des mains par le ministre, qui prononce les paroles sacramentelles propres au sacrement. En Occident, cette onction est faite sur le front des baptisés avec ces paroles : « Sois marqué de l'Esprit Saint, le don de Dieu ». Dans les Églises orientales de rite byzantin, l'onction est faite aussi sur d'autres parties du corps, avec la formule : « Je te marque du don de l'Esprit Saint ».

268. Quel est l'effet de la Confirmation?

1302-1305 1316-1317 L'effet de la Confirmation est l'effusion particulière de l'Esprit Saint, comme à la Pentecôte. Cette effusion imprime dans l'âme un caractère indélébile et elle augmente la grâce baptismale. Elle enracine plus profondément la filiation divine. Elle unit plus fermement au Christ et à son Église. Elle renforce dans l'âme les dons de l'Esprit Saint et elle confère une force particulière pour témoigner de la foi chrétienne.

269. Qui peut recevoir ce sacrement?

1306-1311 1319 Toute personne qui a déjà été baptisée peut et doit le recevoir, et cela une seule fois. Pour le recevoir efficacement, le baptisé doit être en état de grâce.

270. Qui est le ministre de la Confirmation?

1312-1314 À l'origine, le ministre en est l'Évêque. Ainsi est manifesté le lien du confirmé avec l'Église dans sa dimension apostolique. Quand c'est le prêtre qui confère ce sacrement – comme cela est habituellement le cas en Orient et dans des circonstances particulières en Occident –, le lien avec l'Évêque et avec l'Église est manifesté par le prêtre, collaborateur de l'Évêque et par le saint-chrême consacré par l'Évêque lui-même.

Le sacrement de l'Eucharistie

271. Qu'est-ce que l'Eucharistie?

1322-1323 1409 L'Eucharistie est le sacrifice même du Corps et du Sang du Seigneur Jésus, qu'il a instituée pour perpétuer au long des siècles jusqu'à son retour le sacrifice de la croix, confiant ainsi à son Église le mémorial de sa Mort et de sa Résurrection. L'Eucharistie est le signe de l'unité, le lien de la charité, le repas pascal, où l'on reçoit le Christ, où l'âme est comblée de grâce et où est donné le gage de la vie éternelle.

272. Quant le Christ a-t-il institué l'Eucharistie?

Il l'a instituée le Jeudi saint, « la nuit même où il était livré » 1323
(*1 Co* 11,23),alors qu'il célébrait la dernière Cène avec ses Apôtres. 1337-1340

273. Comment l'a-t-il instituée?

Après avoir réuni ses Apôtres au Cénacle, Jésus prit le pain dans ses 1337-1340
mains, le rompit et le leur donna, en disant : « Prenez, et mangez-en tous : 1365, 1406
ceci est mon corps livré pour vous ». Puis il prit dans ses mains la coupe remplie de vin et leur dit : « Prenez, et buvez-en tous, car ceci est la coupe de mon sang, le sang de l'Alliance nouvelle et éternelle, qui sera versé pour vous et pour la multitude en rémission des péchés. Vous ferez cela, en mémoire de moi ».

274. Que représente l'Eucharistie dans la vie de l'Église?

Elle est la source et le sommet de toute la vie chrétienne. Dans 1324-1327
l'Eucharistie culminent l'action sanctifiante de Dieu envers nous et le culte 1407
que nous lui rendons. L'Eucharistie renferme tout le bien spirituel de l'Église : le Christ lui-même, notre Pâque. La communion de la vie divine et l'unité du Peuple de Dieu sont exprimées et réalisées par l'Eucharistie. À travers la célébration eucharistique, nous nous unissons déjà à la liturgie du Ciel et nous anticipons la vie éternelle.

275. Comment désigne-t-on ce sacrement?

La richesse insondable de ce sacrement se manifeste par différents 1328-1332
noms, qui en traduisent les aspects particuliers. Les plus communs sont : Eucharistie, Sainte Messe, Cène du Seigneur, Fraction du pain, Célébration eucharistique, Mémorial de la passion, de la mort et de la résurrection du Seigneur, Saint Sacrifice, Sainte et Divine Liturgie, Saints Mystères, Saint-Sacrement de l'autel, Communion.

276. Quelle est la place de l'Eucharistie dans le plan divin du salut?

Dans l'Ancienne Alliance, l'Eucharistie est préfigurée surtout par le 1333-1344
repas pascal célébré chaque année par les Hébreux avec les pains azymes, en souvenir du départ précipité et libérateur de l'Égypte. Jésus l'a annoncée dans son enseignement et il l'a instituée en célébrant la dernière Cène avec ses Apôtres, au cours du repas pascal. Fidèle au commandement du Seigneur : « Vous ferez cela, en mémoire de moi » (*1 Co* 11,24), l'Église a

toujours célébré l'Eucharistie, surtout le dimanche, jour de la Résurrection de Jésus.

277. Comment se déroule la célébration de l'Eucharistie?

1345-1355 1408 Elle se déroule en deux grandes parties, qui forment un seul acte cultuel : la liturgie de la Parole, qui comprend la proclamation et l'écoute de la Parole de Dieu, et la liturgie eucharistique, qui comprend la présentation du pain et du vin, la prière ou anaphore comportant les paroles de la consécration, et la communion.

278. Qui est le ministre du sacrement de l'Eucharistie?

1348 1411 C'est le prêtre (Évêque ou prêtre) validement ordonné, qui agit dans la Personne du Christ Tête et au nom de l'Église.

279. Quels sont éléments essentiels et nécessaires pour l'Eucharistie?

1412 Ce sont le pain de blé et le vin de la vigne.

280. En quel sens l'Eucharistie est-elle *mémorial* du sacrifice du Christ?

1362-1367 L'Eucharistie est *mémorial* en ce sens qu'elle rend présent et actualise le sacrifice que le Christ a offert à son Père, une fois pour toutes, sur la croix, en faveur de l'humanité. Le caractère sacrificiel de l'Eucharistie se manifeste dans les paroles mêmes de l'institution : « Ceci est mon corps livré pour vous » et « Cette coupe est la nouvelle Alliance en mon sang répandu pour vous » (*Lc* 22,19-20). Le sacrifice de la croix et le sacrifice de l'Eucharistie sont un *unique sacrifice*. La victime et celui qui l'offre sont identiques. Seule la manière de l'offrir diffère. Le sacrifice est sanglant sur la croix, non sanglant dans l'Eucharistie

281. De quelle manière l'Église participe-t-elle au sacrifice eucharistique?

1368-1372 1414 Dans l'Eucharistie, le sacrifice du Christ devient aussi le sacrifice membres de son Corps. La vie des fidèles, leur louange, leur action, leur prière, leur travail, sont unis à ceux du Christ. En tant que sacrifice, l'Eucharistie est aussi offerte pour tous les fidèles, pour les vivants et les défunts, en réparation des péchés de tous les hommes, et pour obtenir de Dieu des bienfaits spirituels et temporels. De plus, l'Église du ciel est présente dans l'offrande du Christ.

282. Comment Jésus est-il présent dans l'Eucharistie?

1373-1375 1413 Jésus Christ est présent dans l'Eucharistie d'une façon unique et incomparable. Il est présent en effet de manière vraie, réelle, substantielle :

avec son Corps et son Sang, avec son Âme et sa divinité. Dans l'Eucharistie, est donc présent de manière sacramentelle, c'est-à-dire sous les espèces du pain et du vin, le Christ tout entier, Dieu et homme.

283. Que signifie la *transsubstantiation*?

La *transsubstantiation* signifie la conversion de toute la substance du pain en la substance du Corps du Christ et de toute la substance du vin en la substance de son Sang. Cette conversion se réalise au cours de la prière eucharistique, par l'efficacité de la parole du Christ et de l'action de l'Esprit Saint. Toutefois, les apparences sensibles du pain et du vin, c'est-à-dire les « espèces eucharistiques », demeurent inchangées. 1376-1377 1413

284. La fraction du pain divise-t-elle le Christ?

La fraction du pain ne divise pas le Christ. Il est tout entier et intégralement présent en chacune des espèces eucharistiques et en chacune de leurs parties. 1377

285. Jusqu'à quand demeure la présence eucharistique du Christ?

Elle demeure tant que subsistent les espèces eucharistiques. 1377

286. Quelle sorte de culte est-il dû au sacrement de l'Eucharistie?

C'est le culte de *latrie*, c'est-à-dire l'adoration réservée à Dieu seul, soit durant la célébration eucharistique, soit en dehors d'elle. L'Église conserve en effet avec le plus grand soin les hosties consacrées; elle les porte aux malades et aux personnes qui sont dans l'impossibilité de participer à la Messe. Elle présente l'hostie à l'adoration solennelle des fidèles, la porte en procession, et elle invite à la visite fréquente et à l'adoration du Saint-Sacrement, conservé dans le tabernacle. 1378-1381 1418

287. Pourquoi l'Eucharistie est-elle le banquet pascal?

L'Eucharistie est le banquet pascal parce que le Christ, accomplissant sacramentellement sa pâque, nous donne son Corps et son Sang offerts en nourriture et en boisson. Il nous unit à lui et entre nous dans son sacrifice. 1382-1384 1391-1396

288. Que signifie l'autel?

L'*autel* est le symbole du Christ lui-même, présent comme victime sacrificielle (autel–sacrifice de la croix) et comme nourriture céleste qui se donne à nous (autel–table eucharistique). 1383 1410

289. Quand l'Église fait-elle obligation de participer à la Messe?

1389 1417 L'Église fait obligation aux fidèles de participer à la Messe tous les dimanches et aux fêtes de précepte, et elle recommande d'y participer aussi les autres jours.

290. Quand doit-on communier?

1389 L'Église recommande aux fidèles qui prennent part à la Messe de recevoir aussi, avec les dispositions voulues, la Communion, en en prescrivant l'obligation au moins à Pâques.

291. Qu'est-il exigé pour recevoir la Communion?

1385-1389 1415 Pour recevoir la Communion, il faut être pleinement incorporé à l'Église catholique et être en état de grâce, c'est-à-dire sans conscience d'avoir commis de péché mortel. Celui qui est conscient d'avoir commis un péché grave doit recevoir le sacrement de la Réconciliation avant d'accéder à la Communion. Il importe aussi d'avoir un esprit de recueillement et de prière, d'observer le jeûne prescrit par l'Église et d'avoir des attitudes corporelles dignes (gestes, vêtements), comme marques de respect envers le Christ.

292. Quels sont les fruits de la Communion?

1391-1397 1416 La Communion fait grandir notre union au Christ et avec son Église. Elle maintient et renouvelle la vie de grâce reçue au Baptême et à la Confirmation, et elle accroît l'amour envers le prochain. En nous fortifiant dans la charité, elle efface les péchés véniels et nous préserve, pour l'avenir, des péchés mortels.

293. Quand est-il possible d'administrer la Communion à d'autres chrétiens?

1398-1401 Les ministres catholiques administrent licitement la Communion aux membres des Églises orientales qui ne sont pas en pleine communion avec l'Église catholique, mais qui la demandent de leur plein gré, avec les dispositions requises.

Quant aux membres des autres Communautés ecclésiales, les ministres catholiques administrent licitement la Communion aux fidèles qui, en raison d'une nécessité grave, la demandent de leur plein gré, qui sont bien disposés et qui manifestent la foi catholique à l'égard du sacrement.

294. Pourquoi l'Eucharistie est-elle « gage de la gloire à venir »?

1402-1405 Parce que l'Eucharistie comble de toutes les grâces et bénédictions du Ciel, elle nous rend forts pour notre pèlerinage en cette vie et elle fait désirer la vie éternelle, nous unissant déjà au Christ assis à la droite du Père, à l'Église du ciel, à la bienheureuse Vierge Marie et à tous les saints.

Dans l'Eucharistie, nous « rompons un même pain qui est remède d'immortalité, antidote pour ne pas mourir, mais pour vivre en Jésus Christ pour toujours » (saint Ignace d'Antioche).

CHAPITRE II
LES SACREMENTS DE GUÉRISON

295. Pourquoi le Christ a-t-il institué les sacrements de la Pénitence et de l'Onction des malades?

Le Christ, médecin de l'âme et du corps, les a institués parce que la vie nouvelle qu'il nous a donnée par les sacrements de l'initiation chrétienne peut être affaiblie et même perdue à cause du péché. C'est pourquoi le Christ a voulu que l'Église continue son œuvre de guérison et de salut, grâce aux deux sacrements de guérison. 1420-1421 1426

Le Sacrement de Pénitence et de Réconciliation

296. Comment est appelé ce sacrement?

Il est appelé sacrement de Pénitence, de Réconciliation, du Pardon, de la Confession, de la Conversion. 1422-1424

297. Pourquoi y a-t-il un sacrement de la Réconciliation après le Baptême?

Parce que la vie nouvelle de la grâce, reçue au Baptême, n'a pas supprimé la faiblesse de la nature humaine, ni l'inclination au péché (c'est-à-dire la *concupiscence*), le Christ a institué ce sacrement pour la conversion des baptisés qui se sont éloignés de lui par le péché. 1425-1426 1484

298. Quand ce sacrement fut-il institué?

Le Christ ressuscité a institué ce sacrement quand il est apparu à ses Apôtres, le soir de Pâques, et qu'il leur a dit: « Recevez l'Esprit Saint; tout homme à qui vous remettrez ses péchés, ils lui seront remis; tout homme à qui vous maintiendrez ses péchés, ils lui seront maintenus » (*Jn* 20,22-23). 1485

299. Les baptisés ont-ils besoin de se convertir?

1427-1429 L'appel du Christ à la conversion retentit en permanence dans la vie des baptisés. La conversion est un combat continuel de toute l'Église, qui est sainte, mais qui, en son sein, comprend des pécheurs.

300. Qu'est-ce que la pénitence intérieure?

1430-1433 1490 C'est l'élan du « cœur brisé » (*Ps* 50[51],19), poussé par la grâce divine à répondre à l'amour miséricordieux de Dieu. La pénitence implique douleur et aversion vis-à-vis des péchés commis, ferme propos de ne plus pécher à l'avenir et confiance dans le secours de Dieu. Elle se nourrit de l'espérance en la miséricorde divine.

301. Sous quelles formes s'exprime la pénitence dans la vie chrétienne?

1434-1439 La pénitence s'exprime sous des formes très variées, en particulier par le jeûne, la prière, l'aumône. Ces formes de pénitence, et d'autres encore, peuvent être pratiquées par le chrétien dans sa vie quotidienne, notamment pendant le temps du Carême et le vendredi, qui est jour de pénitence.

302. Quels sont les éléments essentiels du sacrement de la Réconciliation?

1440-1449 Ils sont au nombre de deux : les actes accomplis par l'homme qui se convertit sous l'action de l'Esprit Saint et l'absolution du prêtre qui, au nom de Christ, accorde le pardon et précise les modalités de la satisfaction.

303. Quels sont les actes du pénitent?

1450-1460 1487-1492 Il faut : un sérieux *examen de conscience*; la *contrition* (ou repentir), qui est parfaite quand elle est motivée par l'amour envers Dieu, et imparfaite quand elle est fondée sur d'autres motifs et qu'elle inclut le propos de ne plus pécher; la *confession*, qui consiste dans l'aveu des péchés devant le prêtre; la *satisfaction*, à savoir l'accomplissement de certains actes de pénitence que le confesseur impose au pénitent, afin de réparer le dommage causé par le péché.

304. Quels péchés faut-il confesser?

1456 On doit confesser tous les péchés graves qui n'ont pas encore été confessés et dont on se souvient après un sérieux examen de conscience. La confession des péchés graves est l'unique moyen ordinaire pour obtenir le pardon.

305. Quand faut-il confesser les péchés graves?

1457 Tout fidèle ayant atteint l'âge de raison est tenu à l'obligation de confesser ses péchés graves au moins une fois dans l'année et, de toute façon, avant de recevoir la Communion.

306. Pourquoi les péchés véniels sont-il aussi objet de la confession sacramentelle?

Bien que la confession des péchés véniels ne soit pas nécessaire au sens strict, elle est vivement recommandée par l'Église, parce qu'elle contribue à former la conscience droite et à lutter contre les inclinations mauvaises, pour se laisser guérir par le Christ et progresser dans la vie de l'Esprit. 1458

307. Qui est le ministre du sacrement?

Le Christ a confié le ministère de la Réconciliation à ses Apôtres, aux Évêques, leurs successeurs, et aux prêtres, leurs collaborateurs, qui deviennent ainsi les instruments de la miséricorde et de la justice de Dieu. Ils exercent le pouvoir de pardonner les péchés *au nom du Père et du Fils et du Saint-Esprit.* 1461-1466 1495

308. À qui est réservée l'absolution de certains péchés?

L'absolution de certains péchés particulièrement graves (comme ceux qui sont punis d'excommunication) est réservée au Siège apostolique ou à l'Évêque du lieu ou aux prêtres autorisés par eux, bien que tout prêtre puisse absoudre de tout péché et de toute excommunication quiconque est en danger de mort. 1463

309. Le confesseur est-il tenu au secret?

Étant donné la délicatesse et la grandeur de ce ministère et le respect dû aux personnes, tout confesseur est tenu, sans exception aucune et sous peine de sanctions très sévères, de garder le sceau sacramentel, c'est-à-dire l'absolu secret au sujet des péchés dont il a connaissance par la confession. 1467

310. Quels sont les effets de ce sacrement?

Les effets du sacrement de la Pénitence sont : la réconciliation avec Dieu, et donc le pardon des péchés; la réconciliation avec l'Église; le retour dans l'état de grâce s'il avait été perdu; la rémission de la peine éternelle méritée à cause des péchés mortels et celle, au moins en partie, des peines temporelles qui sont les conséquences du péché; la paix et la sérénité de la conscience, ainsi que la consolation spirituelle; l'accroissement des forces spirituelles pour le combat chrétien. 1468-1470 1496

311. En certaines circonstances, peut-on célébrer ce sacrement par une confession générale et l'absolution collective?

Dans les cas de grave nécessité (comme le danger imminent de mort), on peut recourir à la célébration communautaire de la Réconciliation avec 1480-1484 confession générale et absolution collective, dans le respect des normes de l'Église et avec le propos de confesser individuellement les péchés graves, en temps voulu.

312. Qu'est-ce que les indulgences?

1471-1479 1498 Les indulgences sont la rémission devant Dieu de la *peine temporelle* due pour les péchés dont la faute est déjà pardonnée. À certaines conditions, le fidèle acquiert cette rémission, pour lui-même ou pour les défunts, par le ministère de l'Église qui, en tant que dispensatrice de la rédemption, distribue le trésor des mérites du Christ et des saints.

Le sacrement de l'Onction des malades

313. Comment est vécue la maladie dans l'Ancien Testament?

1499-1502 Dans l'Ancien Testament, l'homme a fait l'expérience, durant les périodes de maladie, de ses limites, percevant en même temps que la maladie est liée de façon mystérieuse au péché. Les prophètes ont entrevu qu'elle pouvait avoir aussi une valeur rédemptrice pour ses péchés personnels et pour ceux des autres. C'est ainsi que la maladie était vécue devant Dieu, auquel l'homme demandait sa guérison.

314. Quel sens a la compassion de Jésus pour les malades?

1503-1505 La compassion de Jésus pour les malades et les nombreuses guérisons qu'il opérait sont un signe évident qu'avec lui est arrivé le Royaume de Dieu, et donc la victoire sur le péché, sur la souffrance et sur la mort. Par sa passion et sa mort, il donne un sens nouveau à la souffrance, qui, si elle est unie à la sienne, peut devenir un moyen de purification et de salut pour nous et pour les autres.

315. Quel est le comportement de l'Église envers les malades?

1506-1513 1526-1527 Ayant reçu du Seigneur le commandement de guérir les malades, l'Église s'emploie à le réaliser par les soins qu'elle leur apporte, ainsi que par la prière d'intercession avec laquelle elle les accompagne. Elle dispose surtout d'un sacrement spécifique en leur faveur, institué par le Christ lui-même et attesté par saint Jacques : « Si l'un de vous est malade, qu'il appelle ceux qui dans l'Église exercent la fonction d'Anciens : ils prieront sur lui après lui avoir fait une onction d'huile au nom du Seigneur » (Jc 5,14-15).

316. Qui peut recevoir le sacrement de l'Onction des malades?

Tout fidèle peut le recevoir lorsqu'il commence à se trouver en danger de mort en raison de la maladie ou de son âge. Le même fidèle peut le recevoir de nouveau plusieurs fois, si l'on constate une aggravation de la maladie ou dans le cas d'une autre maladie grave. La célébration du sacrement doit être précédée, si possible, de la confession individuelle du malade. 1514-1515 1528-1529

317. Qui administre le sacrement?

Il ne peut être administré que par les prêtres (Évêques ou prêtres). 1516 1530

318. Comment est-il célébré?

La célébration de ce sacrement consiste essentiellement dans l'onction d'huile, si possible bénie par l'Évêque, onction faite sur le front et sur les mains du malade (dans le rite romain), ou encore sur d'autres parties du corps (dans d'autres rites). Elle s'accompagne de la *prière* du prêtre, qui implore la grâce spéciale du sacrement. 1517-1519 1531

319. Quels sont les effets du sacrement?

Le sacrement confère une grâce spéciale, qui unit plus intimement le malade à la Passion du Christ, pour son bien et pour le bien de toute l'Église. Elle lui apporte le réconfort, la paix, le courage et le pardon des péchés si le malade n'a pu se confesser. Le sacrement procure aussi parfois, si Dieu le veut, le rétablissement de la santé physique. De toute manière, l'onction des malades prépare au passage vers la Maison du Père. 1520-1523 1532

320. Qu'est-ce que le Viatique?

Le Viatique est l'Eucharistie reçue par ceux qui vont quitter cette vie terrestre et qui préparent leur passage vers la vie éternelle. Reçue au moment de passer de ce monde au Père, la Communion au Corps et au Sang du Christ mort et ressuscité est semence de vie éternelle et puissance de résurrection. 1524-1525

CHAPITRE III

LES SACREMENTS AU SERVICE DE LA COMMUNION ET DE LA MISSION

321. Quels sont les sacrements au service de la communion et de la mission?

Deux sacrements, l'Ordre et le Mariage, confèrent une grâce spéciale pour une mission particulière dans l'Église, au service de l'édification du 1533-1535 peuple de Dieu. Ils contribuent en particulier à la communion ecclésiale et au salut d'autrui.

Le sacrement de l'Ordre

322. Qu'est ce que le sacrement de l'Ordre?

1536 C'est le sacrement par lequel la mission confiée par le Christ à ses Apôtres continue à être exercée dans l'Église, jusqu'à la fin des temps.

323. Pourquoi l'appelle-t-on sacrement de l'Ordre?

1537-1538 *Ordre* indique un corps d'Église, dans lequel on est intégré au moyen d'une consécration spéciale (Ordination). Par un don particulier du Saint-Esprit, cette consécration permet d'exercer un *pouvoir sacré* au nom et par l'autorité du Christ pour le service du Peuple de Dieu.

324. Quelle est la place du sacrement de l'Ordre dans le dessein divin du salut?

1539-1546
1590-1591 Dans l'Ancien Testament, il y a des préfigurations de ce sacrement : le service des Lévites, de même que le sacerdoce d'Aaron et l'institution des soixante-dix Anciens (cf. *Nb* 11,25). Ces préfigurations ont leur accomplissement dans le Christ Jésus qui, par le sacrifice de la croix, est le « seul médiateur entre Dieu et les hommes » (*1 Tm* 2,5), « grand-prêtre selon le sacerdoce de Melchisédech » (*He* 5,10). L'unique sacerdoce du Christ se rend présent par le sacerdoce ministériel.

> *« Aussi le Christ est-il le seul vrai prêtre, les uns et les autres n'étant que ses ministres »* (saint Thomas d'Aquin).

325. Quels sont les différents degrés du sacrement de l'Ordre?

1554
1593 Il se compose de trois degrés, qui sont irremplaçables pour la structure organique de l'Église : l'épiscopat, le presbytérat et le diaconat.

326. Quel est l'effet de l'Ordination épiscopale?

1557-1558
1594 L'ordination épiscopale confère la plénitude du sacrement de l'Ordre. Elle fait de l'Évêque le successeur légitime des Apôtres et l'intègre au collège épiscopal, lui faisant partager avec le Pape et les autres Évêques la sollicitude pour toutes les Églises. Elle donne mission d'enseigner, de sanctifier et de gouverner.

327. Quelle est la fonction de l'Évêque dans l'Église particulière qui lui est confiée?

L'Évêque, auquel est confiée une Église particulière, est le principe visible et le fondement de l'unité de cette Église, envers laquelle, comme vicaire du Christ, il remplit la charge pastorale, aidé par ses prêtres et ses diacres. 1560-1561

328. Quel est l'effet de l'Ordination presbytérale?

L'onction de l'Esprit Saint marque le prêtre d'un caractère spirituel indélébile; elle le configure au Christ prêtre et le rend capable d'agir au nom du Christ Tête. Coopérateur de l'Ordre épiscopal, il est consacré pour annoncer l'Évangile, célébrer le culte divin, surtout l'Eucharistie, dont il tire la force pour son ministère, et pour être le pasteur des fidèles. 1562-1567 1595

329. Comment le prêtre exerce-t-il son ministère?

Bien qu'ordonné pour une mission universelle, il l'exerce dans une Église particulière, lié par une fraternité sacerdotale avec les autres prêtres, formant ensemble le « presbytérium » qui, en communion avec l'Évêque et sous sa dépendance, porte la responsabilité de l'Église particulière. 1568

330. Quel est l'effet de l'Ordination diaconale?

Le diacre, configuré au Christ serviteur de tous, est ordonné pour le service de l'Église. Sous l'autorité de son Évêque, il exerce ce service dans le cadre du ministère de la parole, du culte divin, de la charge pastorale et de la charité. 1569-1571 1596

331. Comment se célèbre le sacrement de l'Ordre?

Pour chacun des trois degrés, le sacrement de l'Ordre est conféré par l'*imposition des mains* sur la tête de l'ordinand par l'Évêque, qui prononce la *prière* consécratoire solennelle. Par cette prière, l'Évêque prie Dieu d'envoyer sur l'ordinand une effusion spéciale de l'Esprit Saint et de ses dons, en vue du ministère. 1572-1574 1597

332. Qui peut conférer le sacrement?

Il appartient aux Évêques validement ordonnés, en tant que successeurs des Apôtres, de conférer les trois degrés du sacrement de l'Ordre. 1575-1576 1600

333. Qui peut recevoir le sacrement de l'Ordre?

Ne peut recevoir validement le sacrement de l'Ordre qu'un baptisé de sexe masculin. L'Église se reconnaît liée par ce choix fait par le Seigneur lui-même. Personne ne peut exiger de recevoir le sacrement de l'Ordre. Mais il revient à l'autorité de l'Église de considérer l'aptitude des candidats. 1577-1580 1598

334. Le célibat est-il requis de celui qui reçoit le sacrement?

1579-1580
1599 Le célibat est toujours requis pour l'épiscopat. Pour le presbytérat, dans l'Église latine sont choisis de manière ordinaire des hommes croyants qui vivent dans le célibat et qui veulent le garder « à cause du Royaume des cieux » (*Mt* 19,12). Dans les Églises orientales, on n'accepte pas le mariage après l'ordination. Des hommes déjà mariés peuvent eux aussi accéder au diaconat permanent.

335. Quels sont les effets du sacrement de l'Ordre?

1581-1589 Ce sacrement donne une effusion particulière de l'Esprit Saint, qui configure l'ordinand au Christ dans sa triple fonction de Prêtre, Prophète et Roi, selon les degrés respectifs du sacrement. L'ordination confère un caractère spirituel indélébile, c'est pourquoi il ne peut être répété ni conféré pour un temps limité.

336. Avec quelle autorité est exercé le sacerdoce ministériel?

1547-1553
1592 Dans l'exercice de leur ministère sacré, les prêtres ordonnés parlent et agissent, non pas en vertu d'une autorité propre, ni même par mandat ou délégation de la communauté, mais dans la Personne du Christ Tête et au nom de l'Église. De ce fait, le sacerdoce ministériel se différencie radicalement, et pas seulement par une différence de degré, du sacerdoce commun des fidèles, au service duquel le Christ l'a institué.

Le sacrement de mariage

337. Quel est le dessein de Dieu sur l'homme et sur la femme?

1601-1605 Dieu, qui est amour et qui a créé l'homme par amour, l'a appelé à aimer. En créant l'homme et la femme, il les a appelés, dans le Mariage, à une intime communion de vie et d'amour entre eux, « à cause de cela, ils ne sont plus deux, mais un seul » (*Mt* 19,6). En les bénissant, Dieu leur a dit : « Soyez féconds et multipliez-vous » (*Gn* 1,28).

338. Pour quelles fins Dieu a-t-il institué le Mariage?

1659-1660 L'union matrimoniale de l'homme et de la femme, fondée et structurée par les lois du Créateur, est ordonnée par nature à la communion et au bien des conjoints, à la génération et à l'éducation des enfants. Selon le plan originel de Dieu, l'union matrimoniale est indissoluble, comme Jésus Christ l'a affirmé : « Ce que Dieu a uni, que l'homme ne le sépare pas » (*Mc* 10,9).

339. Comment le péché menace-t-il le Mariage?

À cause du premier péché, qui a causé aussi la rupture de la commu- 1606-1608
nion, donnée par le Créateur, entre l'homme et la femme, l'union matrimoniale est très souvent menacée par la discorde et l'infidélité. Cependant, dans son infinie miséricorde, Dieu donne à l'homme et à la femme la grâce de réaliser leur union de vie selon son dessein divin originaire.

340. Qu'enseigne l'Ancien Testament sur le Mariage?

Tout particulièrement à travers la pédagogie de la Loi et des prophètes, 1609-1611
Dieu aide son peuple à faire mûrir progressivement en lui la conscience de l'unicité et de l'indissolubilité du Mariage. L'alliance nuptiale de Dieu avec Israël prépare et préfigure l'Alliance nouvelle, accomplie par le Fils de Dieu, Jésus Christ, avec l'Église, son épouse.

341. Quelle est la nouveauté apportée au Mariage par le Christ?

Jésus Christ a non seulement restauré l'ordre initial voulu par Dieu, 1612-1617 1661
mais il donne la grâce pour vivre le Mariage dans sa dignité nouvelle de sacrement, qui est le signe de son amour sponsal pour l'Église : « Vous, les hommes, aimez votre femme à l'exemple du Christ : il a aimé l'Église » (*Ep* 5,25).

342. Le mariage est-il une obligation pour tous?

Le mariage n'est pas une obligation pour tous. En particulier, Dieu 1618-1620
appelle certains hommes et certaines femmes à suivre le Seigneur Jésus dans la voie de la virginité et du célibat pour le Royaume des cieux, les faisant renoncer au grand bien du mariage pour se soucier des choses du Seigneur et chercher à lui plaire. Ainsi ils deviennent le signe de la primauté absolue de l'amour du Christ et de l'ardente attente de sa venue glorieuse.

343. Comment se célèbre le sacrement de Mariage?

Puisque le mariage établit les conjoints dans un état public de vie 1621-1624
dans l'Église, sa célébration liturgique est publique, en présence du prêtre (ou du témoin qualifié de l'Église) et des autres témoins.

344. Qu'est-ce que le consentement matrimonial?

Le consentement matrimonial est la volonté expresse d'un homme 1625-1632 1662-1663
et d'une femme de se donner mutuellement et définitivement l'un à l'autre, dans le but de vivre une alliance d'amour fidèle et fécond. Étant donné que le consentement fait le Mariage, il est indispensable et irremplaçable. Pour rendre valide le Mariage, le consentement doit avoir comme objet le

véritable Mariage; et il doit être un acte humain, conscient et libre, hors de toute violence et de toute contrainte.

345. Qu'est-il exigé quand l'un des époux n'est pas catholique?

1633-1637 Pour être licites, les mariages *mixtes* (entre un catholique et un baptisé non catholique) requièrent la permission de l'autorité ecclésiastique. Les mariages avec *disparité de culte* (entre un catholique et un non-baptisé) ont besoin d'une dispense pour être valides. Dans tous les cas, il est indispensable que les conjoints n'excluent pas la reconnaissance des fins et des propriétés essentielles du mariage, et que la partie catholique accepte les engagements, connus aussi de l'autre conjoint, de garder sa foi et d'assurer le Baptême et l'éducation catholique des enfants.

346. Quels sont les effets du sacrement de Mariage?

1638-1642 Le sacrement de Mariage crée entre les époux un lien perpétuel et exclusif. Dieu lui-même ratifie le consentement des époux. Ainsi, le mariage conclu et consommé entre baptisés ne peut jamais être dissout. D'autre part, le sacrement donne aux époux la grâce nécessaire pour parvenir à la sainteté dans la vie conjugale, et dans l'accueil responsable et l'éducation des enfants.

347. Quels sont les péchés qui sont gravement contre le sacrement de mariage?

1645-1648 Ce sont : l'adultère; la polygamie parce qu'elle s'oppose à l'égale dignité de l'homme et de la femme, à l'unité et l'exclusivité de l'amour conjugal; le refus de la fécondité, qui prive la vie conjugale du don des enfants; et le divorce, qui va contre l'indissolubilité.

348. Quand l'Église admet-elle la séparation physique des époux?

1629
1649 L'Église admet la séparation physique des époux lorsque leur cohabitation est devenue, pour des motifs graves, pratiquement impossible, même si elle souhaite leur réconciliation. Mais aussi longtemps que vit son conjoint, aucun des époux n'est libre de contracter une nouvelle union, à moins que leur mariage ne soit nul et déclaré tel par l'autorité ecclésiastique.

349. Quelle est la position de l'Église à l'égard des divorcés remariés?

1650-1651 Fidèle au Seigneur, l'Église ne peut reconnaître comme Mariage l'union des divorcés remariés civilement. « Celui qui renvoie sa femme pour en épouser une autre est coupable d'adultère envers elle. Si une femme a renvoyé son mari pour en épouser un autre, elle est coupable d'adultère »

(*Mc* 10,11-12). À leur égard, l'Église fait preuve d'une sollicitude attentive, les invitant à une vie de foi, à la prière, aux œuvres de charité et à l'éducation chrétienne de leurs enfants. Mais aussi longtemps que dure leur situation, qui est objectivement contraire à la loi de Dieu, ils ne peuvent recevoir l'absolution sacramentelle, ni accéder à la communion eucharistique, ni exercer certaines responsabilités dans l'Église.

350. Pourquoi la famille chrétienne est-elle aussi appelée *Église domestique*?

Parce que la famille manifeste et révèle la nature de l'Église comme 1655-1658
famille de Dieu, qui est d'être communion et famille. 1666 Chacun de ses membres, selon son rôle propre, exerce le sacerdoce baptismal, contribuant à faire de la famille une communauté de grâce et de prière, une école de vertus humaines et chrétiennes, le lieu de la première annonce de la foi aux enfants.

CHAPITRE IV
LES AUTRES CÉLÉBRATIONS LITURGIQUES

Les Sacramentaux

351. Que sont les sacramentaux?

Ce sont des signes sacrés institués par l'Église dans le but de sanctifier 1667-1672
certaines circonstances de la vie. 1677-1678 Ils comportent une prière accompagnée du signe de la croix et d'autres signes. Parmi les sacramentaux, les bénédictions occupent une place importante. Elles sont une louange à Dieu et une prière pour obtenir ses dons; de même, il y a les consécrations de personnes et la consécration d'objets dont l'usage est réservé au culte divin.

352. Qu'est-ce qu'un exorcisme?

On a affaire à un exorcisme lorsque l'Église demande, avec son auto- 1673
rité, au nom de Jésus, qu'une personne ou un objet soit protégé contre l'emprise du Malin et soustrait à son empire. Sous sa forme simple, il est pratiqué lors de la célébration du Baptême. L'exorcisme solennel, appelé *grand exorcisme*, ne peut être pratiqué que par un prêtre et avec la permission de l'Évêque.

353. Quelles sont les formes de piété populaire qui accompagnent la vie sacramentelle de l'Église?

Le sens religieux du peuple chrétien a, de tout temps, trouvé son expres- 1674-1676
sion dans des formes variées de piété qui entourent la vie sacramentelle 1679

de l'Église, telles que la vénération des reliques, les visites aux sanctuaires, les pèlerinages, les processions, le chemin de Croix, le Rosaire. À la lumière de la foi, l'Église éclaire et favorise les formes authentiques de piété populaire.

Les funérailles chrétiennes

354. Quel rapport y a-t-il entre les sacrements et la mort du chrétien?

1680-1683 Le chrétien qui meurt dans le Christ parvient, au terme de son existence terrestre, à la plénitude de la vie nouvelle commencée au Baptême, renforcée par la Confirmation et nourrie de l'Eucharistie, anticipation du banquet céleste. Le sens de la mort chrétienne se manifeste à la lumière de la Mort et de la Résurrection du Christ, notre unique espérance. Le chrétien qui meurt dans le Christ Jésus part « pour habiter chez le Seigneur » (*2 Co* 5,8).

355. Qu'expriment les funérailles?

1684-1685 Tout en étant célébrées selon différents rites qui correspondent aux situations et aux traditions locales, les funérailles expriment le caractère pascal de la mort chrétienne dans l'espérance de la résurrection, ainsi que le sens de la communion avec le défunt, surtout par la prière pour la purification de son âme.

356. Quels sont les moments principaux des funérailles?

1686-1690 Habituellement, les obsèques comprennent quatre moments principaux : l'accueil de la dépouille mortelle par la communauté, accompagné de paroles de réconfort et d'espérance, la liturgie de la Parole, le sacrifice eucharistique et l'adieu par lequel l'âme du défunt est confiée à Dieu, source de vie éternelle, tandis que le corps est enseveli dans l'attente de la résurrection.

L'illustration présente la dernière Cène avec l'institution de l'Eucharistie, dans la grande salle recouverte de tapis, à l'étage supérieur (cf. *Mc* 14,15) :

« Pendant le repas, Jésus prit du pain, prononça la bénédiction, le rompit et le donna à ses disciples, en disant : "Prenez, mangez: ceci est mon corps". Puis, prenant une coupe et rendant grâces, il la leur donna, en disant : "Buvez-en tous, car ceci est mon sang, le sang de l'Alliance, répandu pour la multitude en rémission des péchés" » (*Mt* 26,26-28).

Dans l'image, Jésus est avec les Apôtres autour d'une table en forme de calice. Sur la table se trouvent les espèces eucharistiques : le pain et le vin. La salle, qui s'ouvre sur un arrière-plan architectural très élaboré, avec des édifices et un tabernacle circulaire à sept colonnes, symbolise l'Église, demeure du Christ eucharistique. Un détail significatif est donné par l'Apôtre Jean, qui appuie sa tête sur la poitrine de Jésus (cf. *Jn* 13,25). Il indique la communion d'amour que l'Eucharistie réalise dans le fidèle. C'est la réponse du disciple à l'invitation du maître : « Moi, je suis la vigne, et vous, les sarments. Celui qui demeure en moi et en qui je demeure, celui-là donne beaucoup de fruit [...]. Demeurez dans mon amour. Si vous êtes fidèles à mes commandements, vous demeurerez dans mon amour » (*Jn* 15,5.9-10).

L'Eucharistie est communion avec Jésus et nourriture spirituelle, pour soutenir le bon combat quotidien du fidèle appelé à observer les commandements :

« Le Sauveur [...] est toujours et pleinement présent à ceux qui vivent en lui : il pourvoit à tous leurs besoins, il est tout pour eux et il ne permet pas qu'ils tournent leur regard vers quoi que ce soit d'autre, ni qu'ils cherchent autre chose en dehors de lui. En effet, les saints n'ont besoin de rien d'autre que de lui : il les engendre, il les fait grandir et il les nourrit, il est lumière et souffle, en eux il modèle pour lui le regard, il l'illumine à travers lui et enfin, il s'offre lui-même à leur regard. À la fois, il nourrit et il est nourriture ; c'est lui qui présente le pain de vie, et ce qu'il présente n'est autre que lui-même ; la vie des vivants, le parfum de celui qui respire, le vêtement pour celui qui veut l'endosser. C'est encore lui qui nous permet d'avancer, et il est le chemin, et aussi le lieu du repos, et le terme. Nous sommes les membres, il est la tête : est-il nécessaire de combattre? Il combat avec nous, et c'est lui qui donne la victoire à celui qui s'est fait honneur. Sommes-nous vainqueurs? Il est lui la couronne. Ainsi, de toute part, il reconduit à lui notre esprit et il ne permet pas qu'il se tourne vers quelque chose d'autre, ni qu'il ne s'éprenne d'autre chose [...]. De ce que nous avons dit, il découle clairement que la vie en Christ ne concerne pas seulement l'avenir, mais qu'elle est déjà en ce moment présent, grâce aux saints qui vivent et opèrent en elle » (Nicolas Cabasilas, *La vie dans le Christ,* 1,13-15).

JACOB COPISTE, Illustration du *Quatrième Évangile*, Bibliothèque des Pères Méchitaristes, Vien.

TROISIÈME PARTIE

LA VIE DANS LE CHRIST

PREMIÈRE SECTION

LA VOCATION DE L'HOMME: LA VIE DANS L'ESPRIT

Marie, la *Panaghía* (la toute sainte), est le chef-d'œuvre de l'Esprit Saint *Panághion.*

De sa conception immaculée jusqu'à son Assomption glorieuse au ciel, sa vie est entièrement soutenue par l'amour divin. L'Esprit d'amour du Père et du Fils fait de Marie une créature nouvelle, la nouvelle Ève, dont le cœur et l'esprit sont orientés à l'adoration et à l'obéissance du Père céleste, dont elle est la fille préférée; à l'accueil et au service du Fils, dont elle est la mère, le disciple et une proche; à la correspondance et à la collaboration avec l'Esprit Saint, dont elle est le sanctuaire précieux.

Dans cette image, Marie est entourée d'anges musiciens et en fête. Sa tête est surplombée par la splendeur de l'amour divin de l'Esprit Saint, qui est symbolisé par une colombe. Marie est la mère et la protectrice de l'Église (à ses pieds, on entrevoit un édifice sacré). Grâce à son efficace intercession maternelle auprès de Jésus, elle fait pleuvoir sur l'Église l'abondance des grâces célestes (indiquées par le rosier fleuri).

En bas, à gauche, l'Apôtre Jean, qui contemple l'Immaculée, symbolise tout fidèle, qui voit en la Bienheureuse Vierge le modèle parfait et, en même temps, le maître et le guide dans la vie de l'Esprit.

L'Abbé cistercien Christian (XIIe siècle) a réfléchi sur le partage des expériences spirituelles des Apôtres avec Marie. En les comparant aux douze étoiles, qui couronnent la Bienheureuse Vierge, l'Abbé écrivait :

« Ils se réunissaient fréquemment autour de la Vierge très prudente, comme des disciples autour de leur maître, pour apprendre plus pleinement la vérité sur les gestes qu'elle accomplissait; vérité qu'ils auraient à prêcher aux autres au moment opportun. Étant divinement consacrée et instruite, elle était comme une authentique bibliothèque de sagesse céleste, car, dans la vie quotidienne, elle avait été proche, en tant que compagne singulière, de la Sagesse elle-même, c'est-à-dire de son Fils, apprenant par cœur et conservant fidèlement les choses vues et entendues » (Sermon I sur l'Assomption de la Bienheureuse Marie).

El Greco, *Saint Jean contemple l'Immaculée Conception*, propriété de la paroisse Sainte-Léocadie et Saint-Romain, Tolède; œuvre déposée au Musée de la Sainte-Croix, Tolède.

357. Comment la vie morale du chrétien est-elle liée à la foi et aux sacrements?

Ce que professe le Symbole de la foi, les sacrements le communiquent. 1691-1698
Par eux en effet, les fidèles reçoivent la grâce du Christ et les dons de l'Esprit Saint, qui les rendent capables de vivre la vie nouvelle de fils de Dieu dans le Christ accueilli avec la foi.

> *« Chrétien, reconnais ta dignité »* (saint Léon le grand).

CHAPITRE I

LA DIGNITÉ DE LA PERSONNE HUMAINE

L'homme, image de Dieu

358. Quelle est le fondement de la dignité de l'homme?

La dignité de la personne humaine s'enracine dans sa création à 1699-1715
l'image et à la ressemblance de Dieu. Dotée d'une âme spirituelle et immortelle, d'intelligence et de volonté libre, la personne humaine est ordonnée à Dieu et appelée, en son âme et en son corps, à la béatitude éternelle.

Notre vocation au bonheur

359. Comment l'homme parvient-il à la béatitude?

L'homme parvient à la béatitude en raison de la grâce du Christ, qui 1716
le rend participant de sa vie divine. Dans l'Évangile, le Christ montre aux siens la route qui conduit au bonheur sans fin : les Béatitudes. La grâce du Christ agit aussi en tout homme qui, suivant sa conscience droite, recherche et aime le vrai et le bien, et évite le mal.

360. Les Béatitudes sont-elles importantes pour nous?

Les Béatitudes sont au centre de la prédication de Jésus; elles 1716-1717
reprennent et portent à leur perfection les promesses de Dieu, faites depuis 1725-1726
Abraham. Elles expriment le visage même de Jésus, elles caractérisent

l'authentique vie chrétienne et elles révèlent à l'homme la fin ultime de sa conduite : la béatitude éternelle.

361. Quel est, pour l'homme, le rapport entre les Béatitudes et le désir de bonheur?

1718-1719 Les Béatitudes répondent au désir inné de bonheur que Dieu a déposé dans le cœur de l'homme pour l'attirer à lui et que lui seul peut combler.

362. Qu'est ce que la béatitude éternelle?

1720-1724 1727-1729 Elle est la vision de Dieu dans la vie éternelle, où nous serons pleinement « participants de la nature divine » (*2 P* 1,4), de la gloire du Christ et de la jouissance de la vie trinitaire. La béatitude dépasse les capacités humaines. Elle est un don surnaturel et gratuit de Dieu, comme la grâce qui y conduit. La béatitude promise nous place devant des choix moraux décisifs concernant les biens terrestres, nous incitant à aimer Dieu par-dessus tout.

La liberté de l'homme

363. Qu'est-ce que la liberté?

1730-1733 1743-1744 C'est le pouvoir donné par Dieu à l'homme d'agir ou de ne pas agir, de faire ceci ou cela, de poser ainsi soi-même des actions délibérées. La liberté caractérise les actes proprement humains. Plus on fait le bien, et plus on devient libre. La liberté tend à sa perfection quand elle est ordonnée à Dieu, notre bien suprême et notre béatitude. La liberté implique aussi la possibilité de choisir entre le bien et le mal. Le choix du mal est un abus de notre liberté, qui conduit à l'esclavage du péché.

364. Quel rapport existe-t-il entre liberté et responsabilité?

1734-1737 1745-1746 La liberté rend l'homme responsable de ses actes dans la mesure où ils sont volontaires, même si l'imputabilité et la responsabilité d'une action peuvent être diminuées et parfois supprimées, en raison de l'ignorance, de l'inadvertance, de la violence subie, de la crainte, des affections immodérées, des habitudes.

365. Pourquoi tout homme a-t-il le droit d'exercer sa liberté?

1738 1747 À tout homme appartient le droit d'exercer sa liberté, car celle-ci est inséparable de sa dignité de personne humaine. Un tel droit doit donc toujours être respecté, notamment en matière morale et religieuse. Il doit être civilement reconnu et protégé, dans les limites du bien commun et de l'ordre public juste.

366. Quelle place tient la liberté humaine dans l'ordre du salut?

Notre liberté est fragile à cause du premier péché. Cette fragilité devient plus aiguë avec les péchés ultérieurs. Mais le Christ « nous a libérés, pour que nous soyons vraiment libres » (*Ga* 5,1). Par sa grâce, l'Esprit Saint nous conduit à la liberté spirituelle, pour faire de nous ses libres collaborateurs, dans l'Église et dans le monde. 1739-1742 1748

367. Quelles sont les sources de la moralité des actes humains?

La moralité des actes humains dépend de trois sources : *l'objet choisi*, c'est-à-dire un bien véritable ou apparent, l'*intention* du sujet qui agit, c'est-à-dire la fin qui motive l'acte, les *circonstances* de l'acte, y compris les *conséquences*. 1749-1754 1757-1758

368. Quand l'acte est-il moralement bon?

L'acte est moralement bon quand il y a en même temps la bonté de l'objet, de la fin et des circonstances. L'objet du choix peut à lui seul vicier toute une action, même si l'intention est bonne. Il n'est pas permis de faire le mal pour qu'en résulte un bien. Une fin mauvaise peut corrompre l'acte, même si son objet en soi est bon. À l'inverse, une fin bonne ne rend pas bonne une conduite qui est mauvaise en raison de son objet, car la fin ne justifie pas les moyens. Les circonstances peuvent atténuer ou augmenter la responsabilité de l'auteur, mais elles ne peuvent modifier la qualité morale des actes eux-mêmes. Elles ne rendent jamais bonne une action mauvaise en soi. 1755-1756 1759-1760

369. Y a-t-il des actes toujours illicites?

Il y a des actes dont le choix est toujours illicite en raison de leur objet (par exemple le blasphème, l'homicide, l'adultère). Leur choix comporte un désordre de la volonté, à savoir un mal moral qui ne peut être justifié par la considération des biens qui pourraient éventuellement en résulter. 1756, 1761

La moralité des passions

370. Que sont les *passions*?

Les passions sont les affections, les émotions ou les mouvements de la sensibilité – composantes naturelles du psychisme humain –, qui poussent à agir ou à ne pas agir en vue de ce qui est ressenti comme bon ou comme mauvais. Les principales passions sont l'amour et la haine, le désir et la crainte, la joie, la tristesse, la colère. La passion primordiale est 1762-1766 1771-1772 l'amour, provoqué par l'attirance du bien. On n'aime que le bien, réel ou apparent.

371. Les passions sont-elles moralement bonnes ou mauvaises?

1767-1770
1773-1775 Parce qu'elles sont des mouvements de la sensibilité, les passions ne sont, en elles-mêmes, ni bonnes, ni mauvaises. Elle sont bonnes lorsqu'elles contribuent à une action bonne, et mauvaises dans le cas contraire. Elles peuvent être assumées dans les vertus ou perverties dans les vices.

LA CONSCIENCE MORALE

372. Qu'est-ce que la conscience morale?

1776-1780
1795-1797 Présente au plus intime de la personne, la conscience morale est un jugement de la raison qui, au moment opportun, enjoint à l'homme d'accomplir le bien et d'éviter le mal. Grâce à elle, la personne humaine perçoit la qualité morale d'un acte à accomplir ou déjà accompli, permettant d'en assumer la responsabilité. Quand il écoute sa conscience morale, l'homme prudent peut entendre la voix de Dieu qui lui parle.

373. Qu'implique la dignité de la personne en ce qui concerne la conscience morale?

1780-1782
1798 La dignité de la personne humaine implique la rectitude de la conscience morale, c'est-à-dire qu'elle soit en accord avec ce qui est juste et bon au regard de la raison et de la Loi divine. Au titre de cette dignité personnelle, l'homme ne doit pas être contraint d'agir contre sa conscience, et on ne doit même pas l'empêcher, dans les limites du bien commun, d'agir en conformité avec sa conscience, surtout en matière religieuse.

374. Comment se forme la conscience morale pour qu'elle soit droite et véridique?

1783-1788
1799-1800 La conscience morale droite et véridique se forme par l'éducation, l'intégration de la Parole de Dieu et de l'enseignement de l'Église. Elle est soutenue par les dons du Saint-Esprit et aidée par les conseils de personnes sages. En outre, la prière et l'examen de conscience contribuent beaucoup à la formation morale.

375. Quelles normes la conscience doit-elle toujours suivre?

1789 Les trois règles principales sont : 1) Il n'est jamais permis de faire le mal pour qu'il en résulte un bien; 2) La *Règle d'or* : « Tout ce que vous voudriez que les autres fassent pour vous, faites-le vous-mêmes pour eux, vous aussi » (*Mt* 7,12); 3) La charité passe toujours par le respect du prochain et de sa conscience, même si cela ne signifie pas accepter comme un bien ce qui est objectivement un mal.

376. La conscience morale peut-elle porter des jugements erronés?

La personne doit toujours obéir au jugement certain de sa conscience; mais elle peut émettre aussi des jugements erronés, pour des raisons qui ne sont pas toujours exemptes de culpabilité personnelle. On ne peut cependant imputer à la personne le mal accompli par ignorance involontaire, même s'il reste objectivement un mal. C'est pourquoi il est nécessaire de tout mettre en œuvre pour corriger la conscience morale de ses erreurs. 1790-1794 1801-1802

Les vertus

377. Qu'est-ce que la vertu?

La vertu est une disposition habituelle et ferme à faire le bien. « Le but d'une vie vertueuse consiste à devenir semblable à Dieu » (saint Grégoire de Nysse). Il existe des vertus humaines et des vertus théologales. 1803, 1833

378. Qu'est-ce que les vertus humaines?

Les vertus humaines sont des dispositions habituelles et stables de l'intelligence et de la volonté, qui règlent nos actes, ordonnent nos passions et guident notre conduite selon la raison et la foi. Acquises et renforcées par les actes moralement bons et répétés, elles sont purifiées et élevées par la grâce divine. 1804 1810-1811 1834, 1839

379. Quelles sont les principales vertus humaines?

Ce sont les vertus appelées *cardinales*. Toutes les autres se regroupent autour d'elles et elles constituent les fondements de la vie vertueuse. Ce sont : la prudence, la justice, la force et la tempérance. 1805 1834

380. Qu'est-ce que la prudence?

La prudence dispose la raison à discerner en toute circonstance notre véritable bien et à choisir les moyens appropriés pour l'atteindre. Elle guide les autres vertus, en leur indiquant leur règle et leur mesure. 1806 1835

381. Qu'est-ce que la justice?

La justice consiste dans la volonté constante et ferme de donner à autrui ce qui lui est dû. La justice envers Dieu est appelée « vertu de religion ». 1807 1836

382. Qu'est-ce que la force?

1808
1837 La force assure la fermeté dans les difficultés et la constance dans la recherche du bien; elle peut aller jusqu'à la capacité de faire éventuellement le sacrifice de sa vie pour défendre une juste cause.

383. Qu'est-ce que la tempérance?

1809
1838 La tempérance modère l'attrait des plaisirs, assure la maîtrise de la volonté sur les instincts et rend capable d'équilibre dans l'usage des biens créés.

384. Qu'est-ce que les vertus théologales?

1812-1813
1840-1841 Ce sont les vertus qui ont Dieu lui-même pour origine, pour motif et pour objet immédiat. Infuses en l'homme avec la grâce sanctifiante, elles rendent capables de vivre en relation avec la Trinité; elles fondent et animent l'agir moral du chrétien, en vivifiant les vertus humaines. Elles sont le gage de la présence et de l'action de l'Esprit Saint dans les facultés humaines.

385. Quelles sont les vertus théologales?

1813 Ce sont la foi, l'espérance et la charité.

386. Qu'est-ce que la foi?

1814-1816
1842 La foi est la vertu théologale par laquelle nous croyons en Dieu et à tout ce qu'il nous a révélé, et que l'Église nous propose de croire, parce que Dieu est la vérité même. Par la foi, l'homme s'en remet librement à Dieu. C'est pourquoi le croyant cherche à connaître et à faire sa volonté, car la foi « agit par la charité » (*Ga* 5,6).

387. Qu'est-ce que l'espérance?

1817-1821
1843 L'espérance est la vertu théologale par laquelle nous désirons et attendons de Dieu la vie éternelle comme notre bonheur, mettant notre confiance dans les promesses du Christ et comptant sur l'appui de la grâce du Saint-Esprit pour mériter la vie éternelle et pour persévérer jusqu'à la fin de notre vie sur la terre.

388. Qu'est-ce que la charité?

1822-1829
1844 La charité est la vertu théologale par laquelle nous aimons Dieu par-dessus tout et notre prochain comme nous-mêmes, par amour de Dieu. Jésus en a fait le commandement nouveau, la plénitude de la Loi. Elle est le « lien de la perfection » (*Col* 3,14), le fondement des autres vertus, qu'elle anime, inspire et ordonne. Sans elle, « je ne suis rien et… rien ne me sert » (*1 Co* 13,1-3).

389. Qu'est-ce que les dons du Saint-Esprit?

Les dons du Saint-Esprit sont des dispositions permanentes qui rendent l'homme docile à suivre les inspirations divines. Ils sont au nombre de sept : la sagesse, l'intelligence, le conseil, la force, la science, la piété et la crainte de Dieu. 1830-1831 1845

390. Qu'est-ce que les fruits de l'Esprit Saint?

Les *fruits* de l'Esprit Saint sont des perfections formées en nous comme des prémices de la gloire éternelle. La tradition de l'Église en donne douze : « la charité, la joie, la paix, la patience, la longanimité, la bonté, la bénignité, la mansuétude, la fidélité, la modestie, la continence, la chasteté » (*Ga* 5,22-23 vulg.). 1832

Le péché

391. Qu'implique pour nous l'accueil de la miséricorde de Dieu?

Elle implique la reconnaissance de nos fautes et le repentir de nos péchés. Dieu lui-même, par sa Parole et son Esprit, éclaire nos péchés, nous assure la vérité de notre conscience et l'espérance du pardon. 1846-1848 1870

392. Qu'est-ce que le péché?

Le péché est « une parole, un acte ou un désir contraires à la Loi éternelle » (saint Augustin). Il est une offense à Dieu, par désobéissance à son amour. Il blesse la nature de l'homme et porte atteinte à la solidarité humaine. Le Christ, dans sa Passion, éclaire pleinement la gravité du péché et il le vainc par sa miséricorde. 1849-1851 1871-1872

393. Y a-t-il plusieurs sortes de péchés?

La variété des péchés est grande. On peut les distinguer selon leur objet, ou selon les vertus ou les commandements auxquels ils s'opposent. On peut les ranger aussi selon qu'ils concernent directement Dieu, le prochain ou nous-mêmes. En outre, on peut distinguer les péchés en pensée, en paroles, par action ou par omission. 1852-1853 1873

394. Comment se distinguent les péchés en fonction de leur gravité?

On distingue le péché mortel et le péché véniel. 1854

395. Quand commet-on le péché mortel?

On commet le péché mortel quand il y a à la fois matière grave, pleine conscience et propos délibéré. Le péché mortel détruit en nous la charité, nous prive de la grâce sanctifiante et conduit à la mort éternelle de 1855-1861 1874 l'enfer s'il n'y a pas de repentir. Il est pardonné ordinairement par les sacrements du Baptême, de la Pénitence ou Réconciliation.

396. Quand commet-on le péché véniel?

1862-1864 1875 Le péché véniel, qui est radicalement différent du péché mortel, est commis quand sa matière est légère, ou même si elle est grave mais sans qu'il y ait pleine conscience ou total consentement. Il ne rompt pas l'alliance avec Dieu, mais il affaiblit la charité. Il traduit un attrait désordonné pour les biens créés. Il empêche les progrès de l'âme dans l'exercice des vertus et dans la pratique du bien moral. Il mérite des peines temporelles purificatoires.

397. Comment le péché prolifère-t-il en nous?

1865, 1876 Le péché crée un entraînement au péché, et, par sa répétition, il engendre le vice.

398. Qu'est-ce que les vices?

1866-1867 Étant contraires aux vertus, les vices sont des habitudes perverses qui obscurcissent la conscience et inclinent au mal. Ils peuvent être rattachés aux sept péchés que l'on appelle *les péchés capitaux* : l'orgueil, l'avarice, l'envie, la colère, la luxure, la gourmandise, la paresse ou acédie.

399. Avons-nous une responsabilité dans les péchés commis par autrui?

1868 Nous avons une responsabilité lorsqu'il y a de notre part une coopération coupable.

400. Qu'est ce que les structures de péché?

1869 Ce sont des situations sociales ou des institutions contraires à la loi divine; elles sont la manifestation et le résultat de péchés personnels.

CHAPITRE II
LA COMMUNAUTÉ HUMAINE

La personne et la société

401. En quoi consiste la dimension sociale de l'homme ?

1877-1880 1890-1891 En même temps qu'il est appelé personnellement à la béatitude, l'homme a une dimension sociale, qui est une composante essentielle de sa nature et de sa vocation. Tous les hommes sont en effet appelés à la même fin, Dieu lui-même. Il existe une certaine ressemblance entre la communion des Personnes divines et la fraternité que les hommes doivent instaurer entre eux, dans la vérité et dans la charité. L'amour du prochain est inséparable de l'amour pour Dieu.

402. Quel est le rapport entre la personne et la société?

Le principe, le sujet et la fin de toutes les institutions sociales sont et doivent être la *personne*. Certaines sociétés, telles que la famille et la cité, lui sont nécessaires. D'autres associations lui sont aussi utiles, tant à l'intérieur de la société politique que sur le plan international, dans le respect du principe de *subsidiarité*. 1881-1882 1892-1893

403. Que signifie le principe de subsidiarité?

Ce principe signifie qu'une société d'ordre supérieur ne doit pas assumer des fonctions qui reviennent à une société d'ordre inférieur, la privant de ses compétences. Elle doit plutôt la soutenir en cas de nécessité. 1883-1885 1894

404. Que requiert d'autre un authentique vivre ensemble humain?

Il requiert le respect de la justice, une juste hiérarchie des valeurs, la subordination des dimensions physiques et instinctives aux dimensions intérieures et spirituelles; En particulier, là où le péché pervertit le climat social, il faut faire appel à la conversion des cœurs et à la grâce de Dieu, afin d'obtenir des changements sociaux qui soient réellement au service de toute personne et de toute la personne. La charité, qui exige la justice et rend capable de la pratiquer, est le plus grand commandement social. 1886-1889 1895-1896

La participation a la vie sociale

405. Quel est le fondement de l'autorité dans la société?

Toute communauté humaine a besoin d'une autorité légitime qui assure l'ordre et contribue à la réalisation du bien commun. Cette autorité trouve son fondement dans la nature humaine, parce qu'elle correspond à l'ordre établi par Dieu. 1897-1902 1918-1920

406. Quand l'autorité s'exerce-t-elle de manière légitime?

L'autorité s'exerce de manière légitime quand elle agit pour le bien commun et qu'elle utilise pour l'atteindre des moyens moralement licites. C'est pourquoi les régimes politiques doivent être déterminés par la libre décision des citoyens et ils doivent respecter le principe de l'« état de droit », dans lequel est souveraine la loi et non pas la volonté arbitraire des hommes. Les lois injustes et les mesures contraires à l'ordre moral n'obligent pas les consciences. 1903-1904 1921-1922

407. Qu'est-ce que le bien commun?

1905-1906 1924 Par bien commun, on entend l'ensemble des conditions de la vie sociale qui permettent aux groupes et aux personnes d'atteindre leur perfection.

408. Que comporte le bien commun?

1907-1909 1925 Le bien commun comporte le respect et la promotion des droits fondamentaux de la personne; le développement des biens spirituels et temporels des personnes et de la société; la paix et la sécurité de tous.

409. Où se réalise d'une façon plus complète le bien commun?

1910-1912 1927 La réalisation la plus complète du bien commun se trouve dans la communauté politique, qui défend et promeut le bien des citoyens et des corps intermédiaires, sans négliger le bien universel de la famille humaine.

410. Comment l'homme prend-il part à la réalisation du bien commun?

1913-1917 1926 Tout homme, selon la place qu'il occupe et le rôle qu'il joue, a sa part dans la promotion du bien commun : par le respect des lois justes et dans la prise en charge des domaines dont il assume la responsabilité personnelle, tels le soin de sa famille et l'engagement dans son travail. Les citoyens doivent aussi, dans la mesure du possible, prendre une part active à la vie publique.

La justice sociale

411. Comment la société assure-t-elle la justice sociale?

1928-1933 1943-1944 La société assure la justice sociale quand elle respecte la dignité et les droits de la personne, qui constituent la fin propre de la société. D'autre part, la société recherche la justice sociale, qui est liée au bien commun et à l'exercice de l'autorité, quand elle accomplit les conditions qui permettent aux associations et aux individus d'obtenir ce à quoi ils ont droit.

412. Quel est le fondement de l'égalité entre les hommes?

1934-1935 1945 Tous les hommes jouissent d'une égale dignité et des mêmes droits fondamentaux, en tant qu'ils sont créés à l'image du Dieu unique et qu'ils sont dotés d'une âme raisonnable; ils ont même nature et même origine, et ils sont appelés, dans le Christ, unique Sauveur, à la même béatitude divine.

413. Comment évaluer les inégalités entre les hommes?

1936-1938 1946-1947 Il y a des inégalités iniques sur les plans économique et social, qui frappent des millions d'êtres humains. Elles sont en contradiction ouverte avec l'Évangile et sont contraires à la justice, à la dignité des personnes, à la paix. Mais il y a aussi des différences entre les hommes, causées par divers facteurs, qui appartiennent au plan de Dieu. Il veut en effet que chacun reçoive d'autrui ce dont il a besoin et que ceux qui ont des « talents » particuliers les partagent avec les autres. Ces différences encouragent et souvent obligent les personnes à la magnanimité, à la bienveillance et au partage. Elles incitent les cultures à s'enrichir les unes les autres.

414. Comment s'exprime la solidarité humaine?

La solidarité, qui découle de la fraternité humaine et chrétienne, se manifeste en premier lieu dans la juste répartition des biens, dans la rémunération équitable du travail et dans l'engagement pour un ordre social plus juste. La *vertu* de solidarité pratique aussi le partage des biens spirituels de la foi, encore plus importants que les biens matériels. 1939-1942 1948

CHAPITRE III

LE SALUT DE DIEU : LA LOI ET LA GRÂCE

La Loi morale

415. Qu'est-ce que la loi morale?

La loi morale est l'œuvre de la Sagesse divine. Elle prescrit à l'homme les voies et les règles de conduite qui mènent à la béatitude promise et qui proscrivent les chemins qui éloignent de Dieu. 1954-1959 1978-1979

416. En quoi consiste la loi morale naturelle?

La loi naturelle, inscrite par le Créateur dans le cœur de tout homme, consiste en une participation à la sagesse et à la bonté de Dieu. Elle exprime le sens moral originel, qui permet à l'homme de discerner, par la raison, le bien et le mal. Elle est universelle et immuable, et elle pose les bases des devoirs et des droits fondamentaux de la personne, ainsi que de la communauté humaine et de la loi civile elle-même. 1960

417. Cette loi est-elle accessible à tous?

À cause du péché, la loi naturelle n'est pas toujours perçue par tous avec une clarté égale et immédiate. 1961-1962 1980-1981

> *C'est pourquoi « Dieu a écrit sur les tables de la Loi ce que les hommes ne lisaient pas dans leurs cœurs »* (saint Augustin).

418. Quel est le rapport entre la loi naturelle et la Loi ancienne?

1963-1964 1982 La Loi ancienne est le premier état de la Loi révélée. Elle exprime de nombreuses vérités qui sont naturellement accessibles à la raison et qui se trouvent ainsi confirmées et authentifiées dans les Alliances du salut. Ses prescriptions morales, qui sont résumées dans les Dix Commandements du Décalogue, posent les fondements de la vocation de l'homme. Elles proscrivent ce qui est contraire à l'amour de Dieu et du prochain, et elles commandent ce qui leur est essentiel.

419. Comment se situe la Loi ancienne dans le plan du salut?

1963-1964 1982 La Loi ancienne permet de connaître bon nombre de vérités accessibles à la raison. Elle montre ce que l'on doit faire ou ne pas faire, et surtout, à la manière d'un sage pédagogue, elle prépare et dispose à la conversion et à l'accueil de l'Évangile. Cependant, tout en étant sainte, spirituelle et bonne, la Loi ancienne est encore imparfaite, car elle ne donne pas par elle-même la force et la grâce de l'Esprit pour être observée.

420. Qu'est-ce que la Loi nouvelle ou Loi évangélique?

1965-1972 1983-1985 La Loi nouvelle ou Loi évangélique, proclamée et réalisée par le Christ, est la plénitude et l'accomplissement de la Loi divine, naturelle et révélée. Elle se résume dans le commandement de l'amour de Dieu et du prochain, et de l'amour des uns envers les autres comme le Christ nous a aimés. Elle est aussi une réalité intérieure à l'homme : la grâce du Saint-Esprit, qui rend possible un tel amour. Elle est « la loi de liberté » (*Ga* 1, 25), car elle incline à agir spontanément sous l'impulsion de la charité.

> *« La Loi nouvelle est d'abord la grâce même de l'Esprit Saint, qui est donnée aux croyants dans le Christ »* (saint Thomas d'Aquin).

421. Où se trouve la Loi nouvelle?

1971-1974 1986 La Loi nouvelle se trouve dans toute la vie et la prédication du Christ, et dans la catéchèse morale des Apôtres. Le Discours sur la Montagne en est la principale expression.

GRÂCE ET JUSTIFICATION

422. Qu'est-ce que la justification?

1987-1995 2017-2020 La justification est l'œuvre la plus excellente de l'amour de Dieu. Elle est l'action miséricordieuse et gratuite de Dieu qui nous remet nos péchés et qui nous rend justes et saints dans tout notre être. Cela se réalise par la grâce de l'Esprit Saint, qui nous a été méritée par la passion du Christ et qui nous est donnée par le Baptême. La justification ouvre la voie à la libre réponse de l'homme, c'est-à-dire à la foi au Christ et à la collaboration avec la grâce de l'Esprit Saint.

423. Qu'est-ce que la grâce qui justifie?

La grâce est le don gratuit que Dieu nous donne afin de nous rendre participants de sa vie trinitaire et capables d'agir par amour pour lui. Elle est appelée *grâce habituelle*, ou *sanctifiante* ou *déifiante*, parce qu'elle sanctifie et divinise. Elle est surnaturelle, parce qu'elle dépend entièrement de l'initiative gratuite de Dieu et qu'elle dépasse les capacités de l'intelligence et des forces humaines. Elle échappe donc à notre expérience. 1996-1998, 2005 2021

424. Quelles sont les autres sortes de grâce?

Hormis la grâce *habituelle*, il y a les grâces actuelles (dons circonstanciés), les grâces sacramentelles (dons propres à chaque sacrement), les grâces spéciales ou charismes (qui ont comme finalité le bien commun de l'Église), parmi lesquels il y a les grâces d'état, qui accompagnent l'exercice des ministères ecclésiaux et des responsabilités de l'existence. 1999-2000 2003-2004 2023-2024

425. Quel rapport y a-t-il entre la grâce et la liberté humaine?

La grâce prévient, prépare et suscite la libre réponse de l'homme. Elle répond aux profondes aspirations de la liberté humaine, l'invite à coopérer et la mène à la perfection. 2001-2002

426. Qu'est-ce que le mérite?

Le mérite est ce qui donne droit à la récompense pour une action bonne. Dans ses rapports avec Dieu, l'homme, de lui-même, ne peut rien mériter, ayant tout reçu gratuitement de Dieu. Néanmoins, Dieu lui donne la possibilité d'acquérir des mérites par son union à la charité du Christ, source de nos mérites devant Dieu. Les mérites des bonnes œuvres doivent donc être attribués avant tout à la grâce divine, et ensuite à la volonté libre de l'homme. 2006-2009 2025-2027

427. Quels biens pouvons-nous mériter?

Sous la motion de l'Esprit Saint, nous pouvons mériter, pour nous-mêmes et pour autrui, les grâces utiles pour nous sanctifier et pour parvenir à la vie éternelle, ainsi que les biens temporels qui nous sont nécessaires, selon le dessein de Dieu. Nul ne peut mériter la *grâce première*, qui est à l'origine de la conversion et de la justification. 2006-2009 2025-2027

428. Sommes-nous tous appelés à la sainteté chrétienne?

2012-2016 2028-2029 Tous les fidèles sont appelés à la sainteté chrétienne. Elle est la plénitude de la vie chrétienne et la perfection de la charité; elle se réalise dans l'union intime avec le Christ et, en lui, avec la Sainte Trinité. Le chemin de sanctification du chrétien, après être passé par la croix, aura son achèvement dans la résurrection finale des justes, dans laquelle Dieu sera tout en tous.

L'Église, Mère et Éducatrice

429. Comment l'Église nourrit-elle la vie morale du chrétien?

2030-2031 2047 L'Église est la communauté où le chrétien accueille la Parole de Dieu et les enseignements de la « Loi du Christ » (*Ga* 6,2). Il y reçoit la grâce des sacrements. Il s'y unit à l'offrande eucharistique du Christ, en sorte que sa vie morale soit un culte spirituel. Il y apprend l'exemple de sainteté de la Vierge Marie et des saints.

430. Pourquoi le Magistère de l'Église intervient-il dans le domaine moral?

2032-2040 2049-2051 Il revient au Magistère de l'Église d'annoncer la foi à croire et à appliquer dans la vie concrète. Cette tâche s'étend aussi aux préceptes spécifiques de la loi naturelle, parce que leur observance est nécessaire pour le salut.

431. Quelle est la finalité des préceptes de l'Église?

2041 2048 Les cinq préceptes de l'Église ont pour but de garantir aux fidèles le minimum indispensable en ce qui concerne l'esprit de prière, la vie sacramentelle, l'engagement moral, et la croissance de l'amour de Dieu et du prochain.

432. Quels sont les préceptes de l'Église?

2042-2043 Ce sont les suivants : 1) participer à la Messe le dimanche et les autres fêtes de précepte, et se libérer des travaux et des activités qui pourraient empêcher la sanctification de ces jours-là; 2) confesser ses fautes en recevant le sacrement de la Réconciliation au moins une fois par an; 3) recevoir le sacrement de l'Eucharistie au moins à Pâques; 4) s'abstenir de manger de la viande et jeûner aux jours fixés pas l'Église; 5) subvenir aux besoins matériels de l'Église, chacun selon ses possibilités.

433. Pourquoi la vie morale des chrétiens est-elle indispensable pour l'annonce de l'Évangile?

2044-2046 Par leur vie conforme au Seigneur Jésus, les chrétiens attirent les hommes à la foi au vrai Dieu; ils édifient l'Église; ils pénètrent le monde de l'esprit de l'Évangile et préparent la venue du Royaume de Dieu.

DEUXIÈME SECTION

LES DIX COMMANDEMENTS

Un jeune posa à Jésus cette question : « “Maître, que dois-je faire de bon pour avoir la vie éternelle?”. Jésus lui répondit : “Si tu veux être parfait, va, vends ce que tu possèdes, donne-le aux pauvres, et tu auras un trésor dans les cieux. Puis viens, suis-moi” » (*Mt* 19,17.21) :

Suivre Jésus implique que l'on observe des commandements. L'ancienne loi n'est pas abolie, mais l'homme est invité à la retrouver en la personne du divin Maître, qui la réalise parfaitement en lui-même, en révèle pleinement le sens et en atteste la pérennité.

L'image de cette section représente Jésus, qui instruisait les disciples dans le sermon sur la montagne (cf. *Mt* 5-7). Les éléments les plus importants de cet enseignement sont : les béatitudes, le perfectionnement de l'ancienne loi, la prière du Notre Père, les indications sur le jeûne, l'invitation faite aux disciples d'être sel de la terre et lumière du monde.

Avec son élévation de la terre et sa proximité du ciel, la montagne indique un lieu privilégié de rencontre avec Dieu. Jésus comme Maître, assis sur le roc qui constitue une cathèdre située en bonne place, avec l'index de la main droite pointé vers le ciel, indique la provenance divine de ses paroles de vie et de bonheur. Le rouleau qu'il tient dans la main gauche montre que sa doctrine est complète, doctrine qu'il remet avec confiance aux Apôtres, les invitant à prêcher l'Évangile à tous les peuples, en les baptisant au nom du Père, du Fils et du Saint-Esprit.

Les douze Apôtres, placés en couronne aux pieds du Maître, ont tous une auréole pour indiquer leur fidélité à Jésus et leur témoignage de sainteté dans l'Église. Un seul, à demi-caché, à droite, a une auréole noire, pour évoquer son infidélité à la Bonne Nouvelle. L'annonce du royaume de Dieu prêché par Jésus ne fut pas parole vide et inconsistante, mais action efficace et valable. À ce propos, l'épisode du paralytique de Capharnaüm, rapporté par trois des synoptiques, est significatif : « Jésus monta en barque, traversa le lac et alla dans sa ville de Capharnaüm. Et voilà qu'on lui apportait un paralysé, couché sur une civière. Voyant leur foi, Jésus dit au paralysé : “Confiance, mon fils, tes péchés sont pardonnés”. Or, quelques scribes se disaient : “Cet homme blasphème”. Mais Jésus, connaissant leurs pensées, leur dit : “Pourquoi avez-vous en vous-mêmes des pensées mauvaises? Qu'est-ce qui est le plus facile? De dire : ‘Tes péchés sont pardonnés’, ou bien de dire : ‘Lève-toi et marche’? Eh bien! Pour que vous sachiez que le Fils de l'homme a le pouvoir, sur la terre, de pardonner les péchés...” alors, il dit au paralys é: “Lève-toi, prends ta civière, et rentre chez toi” » (*Mt* 9, 1-6).

Dans cet événement, la guérison physique n'est rien d'autre que la face visible du miracle spirituel de la libération du péché. Guérir et pardonner restent les gestes typiques de la pédagogie de Jésus divin Maître.

Fra Angelico, *Le sermon sur la montagne*, Musée de Saint-Marc, Florence. Photo : Scala/Art Resource, NY.

Exode 20,2-17	**Deutéronome 5,6-21**	**Formule catéchétique**
« Je suis le Seigneur ton Dieu, qui t'ai fait sortir du pays d'Égypte, de la maison d'esclavage.	« Je suis le Seigneur ton Dieu, qui t'ai fait sortir du pays d'Égypte, de la maison d'esclavage.	
Tu n'auras pas d'autres dieux que moi. Tu ne feras aucune idole, aucune image de ce qui est là-haut dans les cieux, ou en bas sur la terre, ou dans les eaux par-dessous la terre. Tu ne te prosterneras pas devant ces images, pour leur rendre un culte. Car moi, le Seigneur ton Dieu, je suis un Dieu jaloux : chez ceux qui me haïssent, je punis la faute des pères sur les fils, jusqu'à la troisième et la quatrième génération; mais ceux qui m'aiment et observent mes commandements, je leur garde ma fidélité jusqu'à la millième génération.	Tu n'auras pas d'autres dieux que moi...	Un seul Dieu tu adoreras et aimeras parfaitement.
Tu n'invoqueras pas le nom du Seigneur ton Dieu pour le mal, car le Seigneur ne laissera pas impuni celui qui invoque son nom pour le mal.	Tu n'invoqueras pas le nom du Seigneur ton Dieu pour le mal.	Son saint nom tu respecteras, fuyant blasphème et faux serment.

Tu feras du sabbat un mémorial, un jour sacré. Pendant six jours tu travailleras, et tu feras tout ton ouvrage; mais le septième jour est le jour du repos, sabbat en l'honneur du Seigneur ton Dieu : tu ne feras aucun ouvrage, ni toi, ni ton fils, ni ta fille, ni ton serviteur, ni ta servante, ni tes bêtes, ni l'immigré qui réside dans ta ville. Car en six jours le Seigneur a fait le ciel, la terre, la mer et tout ce qu'ils contiennent, mais il s'est reposé le septième jour. C'est pourquoi le Seigneur a béni le jour du sabbat et l'a consacré.	Observe le jour du sabbat comme un jour sacré.	Le jour du Seigneur garderas, en servant Dieu dévotement.
Honore ton père et ta mère, afin d'avoir longue vie sur la terre que te donne le Seigneur ton Dieu.	Honore ton père et ta mère.	Honore ton père et ta mère.
Tu ne commettras pas de meurtre.	Tu ne commettras pas de meurtre.	Tu ne tueras pas.
Tu ne commettras pas d'adultère.	Tu ne commettras pas d'adultère.	Tu ne commettras pas d'adultère.
Tu ne commettras pas de vol.	Tu ne commettras pas de vol.	Tu ne voleras pas.
Tu ne porteras pas de faux témoignage contre ton prochain.	Tu ne porteras pas de faux témoignage contre ton prochain.	Tu ne porteras pas de faux témoignage contre ton prochain.
Tu ne convoiteras pas la maison de ton prochain; tu ne convoiteras pas la femme de ton prochain, ni son serviteur, ni sa servante, ni son bœuf, ni son âne : rien de ce qui lui appartient».	Tu ne convoiteras pas la femme de ton prochain, tu ne désireras rien de ce qui appartient à ton prochain.	Tu ne convoiteras pas la femme de ton prochain. Tu ne désireras rien de ce qui est à ton prochain.

434. « Maître, que faut-il faire pour obtenir la vie éternelle? » (*Mt* 19,16)

Au jeune homme qui l'interroge, Jésus répond : « Si tu veux entrer dans la vie, observe les commandements», puis il ajoute: « Viens et suis-moi » (*Mt* 19,16-21). Suivre Jésus implique d'observer les commandements. La Loi n'est pas abolie; mais l'homme est invité à la retrouver dans la personne du Divin Maître, qui la réalise parfaitement en lui-même, qui en révèle la pleine signification et qui en atteste la pérennité. 2052-2054 2075-2076

435. Comment Jésus interprète-t-il la Loi?

Jésus l'interprète à la lumière du double et unique commandement de la charité, qui est la plénitude de la Loi : « Tu aimeras le Seigneur ton Dieu de tout ton cœur, de toute ton âme et de tout ton esprit. C'est le plus grand et le premier des commandements. Et le second lui est semblable : tu aimeras ton prochain comme toi-même. Ces deux commandements contiennent toute la Loi et les Prophètes » (*Mt* 22,37-40). 2055

436. Que signifie « Décalogue »?

Décalogue signifie « Dix paroles » (*Ex* 34,28). Ces paroles résument la Loi donnée par Dieu au peuple d'Israël dans le contexte de l'Alliance avec Moïse. Présentant les commandements de l'amour de Dieu (dans les trois premiers commandements) et de l'amour du prochain (dans les sept autres), elles tracent pour le peuple élu et pour toute personne le chemin d'une vie libérée de l'esclavage du péché. 2056-2057

437. Quel est le lien du Décalogue avec l'Alliance?

Le Décalogue se comprend à la lumière de l'Alliance, dans laquelle Dieu se révèle, faisant connaître sa volonté. En observant les commandements, le peuple exprime son appartenance à Dieu et répond avec gratitude à son initiative d'amour. 2058-2063 2077

438. Quelle importance l'Église donne-t-elle au Décalogue?

Fidèle à l'Écriture et à l'exemple du Christ, l'Église reconnaît au Décalogue une importance et une signification primordiales. Les chrétiens sont tenus de l'observer. 2064-2068

439. Pourquoi le Décalogue constitue-t-il une unité organique?

Les Dix Commandements constituent un ensemble organique et indissociable, parce que chaque commandement renvoie aux autres et à tout le Décalogue. Transgresser un commandement, c'est donc enfreindre toute la Loi. 2069 2079

440. Pourquoi le Décalogue oblige-t-il gravement?

2072-2073, 2081 Parce que le Décalogue énonce les devoirs fondamentaux de l'homme envers Dieu et envers le prochain.

441. Est-il possible d'observer le Décalogue?

2074 2082 Oui, parce que le Christ, sans lequel nous ne pouvons rien faire, nous rend capables de l'observer par le don de son Esprit et de sa grâce.

CHAPITRE I

« TU AIMERAS LE SEIGNEUR TON DIEU DE TOUT TON CŒUR, DE TOUTE TON ÂME ET DE TOUT TON ESPRIT»

LE PREMIER COMMANDEMENT : JE SUIS LE SEIGNEUR TON DIEU. TU N'AURAS PAS D'AUTRE DIEU

442. Qu'implique la déclaration divine: « Je suis le Seigneur ton Dieu » (*Ex* 20,2)?

2083-2094 2133-2134 Pour le fidèle, elle implique de garder et d'exercer les trois vertus théologales, et d'éviter les péchés qui s'y opposent. La *foi* croit en Dieu et repousse ce qui lui est contraire, comme par exemple le doute volontaire, l'incrédulité, l'hérésie, l'apostasie, le schisme. L'*espérance* attend avec confiance la vision bienheureuse de Dieu et son aide, évitant le désespoir et la présomption. La *charité* aime Dieu par-dessus tout: il faut donc repousser l'indifférence, l'ingratitude, la tiédeur, l'acédie ou indolence spirituelle, et la haine de Dieu, qui naît de l'orgueil.

443. Qu'implique la Parole du Seigneur : « Adore le Seigneur ton Dieu, à lui seul tu rendras un culte » (*Mt* 4,10)?

2095-2105 2135-2136 Elle implique d'adorer Dieu comme le Seigneur de tout ce qui existe; de lui rendre le culte qui lui est dû de façon individuelle et communautaire; de le prier par la louange, l'action de grâces et la supplication; de lui offrir des sacrifices, avant tout le sacrifice spirituel de notre vie, uni au sacrifice parfait du Christ; de garder les promesses et les vœux faits à Dieu.

444. De quelle manière la personne met-elle en œuvre son droit de rendre à Dieu un culte en vérité et en liberté?

2104-2109 2137 Tout homme a le droit et le devoir moral de chercher la vérité, surtout en ce qui concerne Dieu et son Église, et quand il l'a connue, de l'embrasser et de lui être fidèle, en rendant à Dieu un culte authentique. En même temps, la dignité de la personne humaine requiert qu'en matière religieuse nul ne soit forcé d'agir contre sa conscience, ni, dans les limites de l'ordre public, empêché d'agir selon sa conscience, en privé comme en public, seul ou associé à d'autres.

445. Qu'est-ce que Dieu interdit quand il commande : « Tu n'auras pas d'autres dieux devant Moi » (*Ex* 20,2)?

Ce commandement proscrit : 2110-2128 2138-2140

le *polythéisme* et *l'idolâtrie*, qui divinise une créature, le pouvoir, l'argent, même le démon;

la *superstition*, qui est une déviance du culte dû au vrai Dieu et qui s'exprime encore sous diverses formes de divinisation, de magie, de sorcellerie et de spiritisme;

l'*irréligion* qui s'exprime par l'action de tenter Dieu, en paroles ou en actes, par le sacrilège, qui profane des personnes ou des choses sacrées, surtout l'Eucharistie, par la simonie, par laquelle on entend acheter ou vendre des réalités spirituelles;

l'athéisme, qui rejette l'existence de Dieu, se fondant souvent sur une fausse conception de l'autonomie humaine;

l'agnosticisme, pour lequel on ne peut rien savoir de Dieu et qui comprend aussi l'indifférentisme et l'athéisme pratique.

446. Le commandement de Dieu : « Tu ne te feras aucune image sculptée » (*Ex* 20,3) interdit-il le culte des images?

Dans l'Ancien Testament, ce commandement interdisait de représenter 2129-2132 2141 Dieu absolument transcendant. À partir de l'incarnation du Fils de Dieu, le culte chrétien des images saintes est justifié (comme l'affirme le deuxième concile de Nicée en 787), parce qu'il se fonde sur le mystère du Fils de Dieu fait homme, en qui le Dieu transcendant se rend visible. Il ne s'agit pas d'une adoration de l'image, mais d'une vénération de celui qui est représenté en elle: le Christ, la Vierge, les Anges et les Saints.

LE DEUXIÈME COMMANDEMENT : TU NE PRONONCERAS PAS LE NOM DE DIEU EN VAIN

447. Comment respecte-t-on la sainteté du Nom de Dieu?

On respecte le Saint Nom de Dieu en l'invoquant, en le bénissant, en 2142-2149 2160-2162 le louant et en le glorifiant. Il faut donc éviter l'abus d'en appeler au Nom de Dieu pour justifier un délit et tout usage inconvenant de son Nom, tels le *blasphème*, qui par nature est un péché grave, les *jurons* et l'*infidélité* aux promesses faites au Nom de Dieu.

448. Pourquoi le faux serment est-il interdit?

2150-2151
2163-2164 Parce qu'il met en cause Dieu, qui est la vérité même, pris à témoin d'un mensonge.

> *« Ne jurer ni par le Créateur, ni par la créature, si ce n'est avec vérité, nécessité et révérence »* (saint Ignace de Loyola).

449. Qu'est ce que le parjure?

2152-2155 Le parjure consiste à faire, sous serment, une promesse avec l'intention de ne pas la tenir, ou de violer la promesse faite sous serment. C'est un péché grave contre Dieu, qui est toujours fidèle à ses promesses.

LE TROISIÈME COMMANDEMENT : SE SOUVENIR DE SANCTIFIER LES JOURS FESTIFS

450. Pourquoi Dieu a-t-il « béni le jour du sabbat et déclaré saint » (*Ex* 20,11)?

2168-2172
2189 Le jour du sabbat, on fait mémoire du *repos de Dieu* le septième jour de la création, comme aussi de la libération d'Israël de l'esclavage de l'Égypte et de l'Alliance établie par Dieu avec son peuple.

451. Comment se comporte Jésus par rapport au sabbat?

2173 Jésus reconnaît la sainteté du sabbat et, avec son autorité divine, il en donne l'interprétation authentique : « Le sabbat est fait pour l'homme et non l'homme pour le sabbat » (Mc 2, 27).

452. Pour quel motif, pour les chrétiens, le dimanche a-t-il été substitué au sabbat?

2174-2176
2190-2191 Le dimanche est le jour de la résurrection du Christ. Comme « premier jour de la semaine » (Mc 16,2), il rappelle la première création; comme « huitième jour », jour qui suit le sabbat, il signifie la nouvelle création inaugurée par la résurrection du Christ. Ainsi, il est devenu pour les chrétiens le premier de tous les jours et de toutes les fêtes : *le jour du Seigneur*, qui, dans sa Pâque, porte à son achèvement le sabbat juif et annonce le repos éternel de l'homme en Dieu.

453. Comment sanctifie-t-on le dimanche?

Les chrétiens sanctifient le dimanche et les autres fêtes de précepte en participant à l'Eucharistie du Seigneur et en s'abstenant aussi des activités qui empêchent de rendre le culte à Dieu, qui troublent la joie propre au jour du Seigneur et la nécessaire détente de l'esprit et du corps. Peuvent être accomplies ce jour-là les activités liées aux nécessités familiales ou aux services de grande utilité sociale, à condition qu'elles ne constituent pas des habitudes préjudiciables à la sanctification du dimanche, ni à la vie de famille ou à la santé. 2177-2185 2192-2193

454. Pourquoi la reconnaissance civile du dimanche comme jour festif est-elle importante?

Pour que soit donnée à tous la possibilité effective de jouir d'un repos suffisant et d'un temps libre permettant de cultiver la vie religieuse, familiale, culturelle et sociale; de disposer d'un temps propice à la méditation, à la réflexion, au silence et à l'étude; de se consacrer aux bonnes œuvres, en particulier au profit des malades et des personnes âgées. 2186-2188 2194-2195

CHAPITRE II

« TU AIMERAS TON PROCHAIN COMME TOI-MÊME »

Le quatrième commandement : honore ton père et ta mère

455. Que commande le quatrième commandement?

Il commande d'honorer et de respecter nos parents et ceux que Dieu, pour notre bien, a revêtus de son autorité. 2196-2200 2247-2248

456. Quel est la nature de la famille dans le plan de Dieu?

Un homme et une femme unis par le mariage forment ensemble, avec leurs enfants, une famille. Dieu a institué la famille et l'a dotée de sa constitution fondamentale. Le mariage et la famille sont ordonnés au bien des époux, à la procréation et à l'éducation des enfants. Entre les membres d'une famille s'établissent des relations personnelles et des responsabilités primordiales. Dans le Christ, la famille devient une *église domestique*, parce qu'elle est communauté de foi, d'espérance et d'amour. 2201-2205 2249

457. Quelle place tient la famille dans la société?

La famille est la cellule originelle de la société humaine et précède toute reconnaissance de la part de l'autorité publique. Les principes et les 2207-2208 valeurs de la famille constituent le fondement de la vie sociale. La vie de famille est une initiation à la vie en société.

458. Quels sont les devoirs de la société dans ses rapports à la famille?

2209-2213 2250 La société a le devoir de soutenir et d'affermir le mariage et la famille, en respectant aussi le principe de subsidiarité. Les pouvoirs publics doivent respecter, protéger et favoriser la vraie nature du mariage et de la famille, la morale publique, les droits des parents et la prospérité des foyers.

459. Quels sont les devoirs des enfants envers leurs parents?

2214-2220 2251 Les enfants doivent respect (piété filiale), reconnaissance, docilité et obéissance envers leurs parents, contribuant ainsi, par les bonnes relations entre frères et sœurs, au progrès de l'harmonie et de la sainteté de toute la vie familiale. Si les parents se trouvent dans une situation d'indigence, de maladie, d'isolement ou de vieillesse, les enfants adultes doivent leur fournir un soutien moral et matériel.

460. Quels sont les devoirs des parents envers leurs enfants?

2221-2231 Participants de la paternité divine, les parents sont les premiers responsables de l'éducation de leurs enfants et les premiers à leur annoncer la foi. Ils ont le devoir d'aimer et de respecter leurs enfants comme *personnes* et comme *fils de Dieu*. Ils ont à pourvoir, autant que faire se peut, à leurs besoins matériels et spirituels, choisissant pour eux une école appropriée et leur prodiguant de prudents conseils pour choisir leur profession et leur état de vie. En particulier, ils ont pour mission de les éduquer à la foi chrétienne.

461. Comment les parents éduquent-ils leurs enfants à la foi chrétienne?

2252-2253 Principalement par l'exemple, la prière, la catéchèse familiale et la participation à la vie ecclésiale.

462. Les liens de famille sont-ils un bien absolu?

2232-2233 Les liens de famille, bien qu'ils soient importants, ne sont pas absolus, parce que la première vocation du chrétien est de suivre Jésus en l'aimant : « Qui aime son père et sa mère plus que moi, n'est pas digne de moi. Qui aime sa fille ou son fils plus que moi n'est pas digne de moi » (*Mt* 10, 37). Les parents doivent aider avec joie leurs enfants à suivre Jésus, dans tous les états de vie, même dans la vie consacrée ou dans le ministère sacerdotal.

463. Comment doit s'exercer l'autorité dans les différents domaines de la société civile?

Elle doit toujours s'exercer comme un service, en respectant les droits fondamentaux de l'homme, une juste hiérarchie des valeurs, les lois, la justice distributive et le principe de subsidiarité. Dans l'exercice de l'autorité, chacun doit rechercher l'intérêt de la communauté au lieu du sien propre. Ses décisions doivent s'inspirer de la vérité sur Dieu, sur l'homme et sur le monde. 2234-2237 2254

464. Quels sont les devoirs des citoyens dans leurs rapports avec les autorités civiles?

Ceux qui sont soumis à l'autorité doivent considérer leurs supérieurs comme des représentants de Dieu, offrant leur collaboration loyale pour le bon fonctionnement de la vie publique et sociale. Cela comporte l'amour et le service de la patrie, le droit et le devoir de voter, le paiement des impôts, la défense du pays et le droit à une critique constructive. 2238-2241 2255

465. Quand le citoyen doit-il ne pas obéir aux autorités civiles?

Le citoyen ne doit pas, en conscience, obéir quand les prescriptions des autorités civiles s'opposent aux exigences de l'ordre moral : « Il faut obéir à Dieu plutôt qu'aux hommes » (*Ac* 5,29). 2242-2243 2256

Le cinquième commandement : ne pas tuer

466. Pourquoi faut-il respecter la vie humaine?

Parce que la vie humaine est *sacrée*. Dès son origine, elle comporte l'action créatrice de Dieu et demeure pour toujours dans une relation spéciale avec le Créateur, son unique fin. Il n'est permis à personne de détruire directement un être humain innocent, car cela est gravement contraire à la dignité de la personne et à la sainteté du Créateur. « Vous ne ferez pas mourir l'innocent et le juste » (Ex 23,7). 2258-2262 2318-2320

467. Pourquoi la légitime défense des personnes et des sociétés n'est-elle pas contraire à cette règle absolue?

Par la légitime défense, on fait le choix de se défendre et de mettre en valeur le droit à la vie, la sienne propre ou celle d'autrui, et non le choix de tuer. Pour qui a la responsabilité de la vie d'autrui, la légitime défense peut être aussi un devoir grave. Toutefois, elle ne doit pas comporter un usage de la violence plus grande que ce qui est nécessaire. 2263-2265

468. À quoi sert une peine?

2266 Une peine infligée par l'autorité publique légitime a pour but de réparer le désordre introduit par la faute, de défendre l'ordre public et la sécurité des personnes, et de contribuer à l'amendement du coupable.

469. Quelle peine peut-on infliger?

2267 La peine infligée doit être proportionnée à la gravité du délit. Aujourd'hui, étant donné les possibilités dont l'État dispose pour réprimer le crime en rendant inoffensif le coupable, les cas d'absolue nécessité de la peine de mort « sont désormais très rares, sinon même pratiquement inexistants » (*Evangelium vitæ*). Quand les moyens non sanglants sont suffisants, l'autorité se limitera à ces moyens, parce qu'ils correspondent mieux aux conditions concrètes du bien commun, ils sont plus conformes à la dignité de la personne et n'enlèvent pas définitivement, pour le coupable, la possibilité de se racheter.

470. Qu'interdit le cinquième commandement?

2268-2283 2321-2326 Le cinquième commandement interdit comme gravement contraires à la loi morale :

L'homicide direct et volontaire, ainsi que la coopération à celui-ci;

l'*avortement direct*, recherché comme fin et comme moyen, ainsi que la coopération à cet acte, avec la peine d'excommunication, parce que l'être humain, dès sa conception, doit être défendu et protégé de manière absolue dans son intégrité;

l'*euthanasie directe*, qui consiste à mettre fin, par un acte ou par l'omission d'une action requise, à la vie de personnes handicapées, malades ou proches de la mort;

le *suicide* et la coopération volontaire à celui-ci, parce qu'il est une offense grave au juste amour de Dieu, de soi-même et du prochain; quant à la responsabilité, elle peut être aggravée en raison du scandale ou diminuée par des troubles psychiques particuliers ou par de graves craintes.

471. Quelles procédures médicales sont autorisées quand la mort est considérée comme imminente?

2278-2279 Les soins habituellement dus à une personne malade ne peuvent être légitimement interrompus. Par contre, sont légitimes le recours à des analgésiques n'ayant pas comme finalités la mort, ainsi que le renoncement à « l'acharnement thérapeutique », c'est-à-dire, à l'usage de procédés médicaux disproportionnés et sans espoir raisonnable d'une issue favorable.

472. Pourquoi la société doit-elle protéger tout embryon?

Le droit inaliénable à la vie de tout individu humain, dès sa conception, est un élément constitutif de la société civile et de sa législation. Quand l'État ne met pas sa force au service des droits de tous, et en particulier des plus faibles, parmi lesquels les enfants conçus non encore nés, ce sont les fondements mêmes de l'état de droit qui sont minés. 2273-2274

473. Comment éviter le scandale?

Le scandale, qui consiste à porter autrui à faire le mal, est à éviter en respectant l'âme et le corps de la personne. Si l'on porte délibérément autrui au péché grave, on commet une faute grave. 2284-2287

474. Quels devoirs avons-nous envers le corps?

Nous devons porter une attention raisonnable à la *santé physique*, la nôtre et celle d'autrui, en évitant le *culte du corps* et toutes sortes d'excès. Doivent aussi être évités l'usage de stupéfiants, qui causent de graves dommages à la santé et à la vie humaine, et aussi l'abus de nourriture, d'alcool, de tabac et de médicaments. 2288-2291

475. Quand les expérimentations scientifiques, médicales et psychologiques sont-elle moralement légitimes sur les individus ou sur des groupes humains?

Elles sont moralement légitimes si elles sont au service du bien intégral de la personne et de la société, sans risques disproportionnés pour la vie et l'intégrité physique ou psychique des individus, qui doivent être, au préalable, informés et consentants. 2292-2295

476. Avant et après la mort, le prélèvement et le don d'organes sont-ils autorisés?

Le prélèvement d'organes est moralement acceptable avec le consentement du donneur et sans risques excessifs pour lui. Pour que soit réalisé l'acte noble du don d'organes après la mort, on doit être pleinement certain de la mort réelle du donneur. 2296

477. Quelles sont les pratiques contraires au respect de l'intégrité corporelle de la personne humaine?

Cè sont : les enlèvements et les prises d'otages de personnes, le terrorisme, la torture, les violences, la stérilisation directe. Les amputations et les mutilations d'une personne ne sont moralement acceptables qu'à des fins thérapeutiques pour la personne elle-même. 2297-2298

478. Comment doit-on prendre soin des mourants?

2299 Les mourants ont le droit de vivre dans la dignité les derniers moments de leur vie terrestre, et surtout avec le soutien de la prière et des sacrements, qui les préparent à rencontrer le Dieu vivant.

479. Comment doivent être traités les corps des défunts?

2300-2301 Les corps des défunts doivent être traités avec respect et charité. L'incinération est permise à condition qu'elle soit réalisée sans mettre en cause la foi en la résurrection des corps.

480. Que demande le Seigneur à toute personne en ce qui concerne la paix?

2302-2303 Le Seigneur, qui a proclamé « bienheureux les artisans de paix » (*Mt* 5,9), demande la paix du cœur et dénonce l'immoralité de la colère, qui est un désir de vengeance pour le mal subi, et la haine, qui porte à désirer le mal pour le prochain. Ces comportements, s'ils sont volontaires et consentis dans des matières de grande importance, sont des péchés graves contre la charité.

481. Qu'est-ce que la paix dans le monde?

2304-2305 La paix dans le monde, qui est requise pour le respect et le développement de la vie humaine, n'est pas simplement l'absence de la guerre ou l'équilibre de forces opposées; elle est « tranquillité de l'ordre » (saint Augustin), « fruit de la justice » (*Is* 32,17) et effet de la charité. La paix terrestre est image et fruit de la paix du Christ.

482. Que réclame la paix dans le monde?

2304; 2307-2308 La paix dans le monde réclame une distribution équitable et la protection des biens des personnes, la libre communication entre les êtres humains, le respect de la dignité des personnes et des peuples, la pratique assidue de la justice et de la fraternité.

483. Quand peut-on moralement consentir à l'usage de la force militaire?

2307-2310 Le recours à la force militaire est moralement justifié par la présence simultanée des conditions suivantes : la certitude d'un dommage subi grave et durable; l'inefficacité de toute solution pacifique; les conditions sérieuses d'un succès; l'absence de maux plus grands, étant bien considérée la puissance actuelle des moyens de destruction.

484. En cas de menace de guerre, à qui appartient-il d'apprécier de manière rigoureuse de telles conditions?

Cela appartient au jugement prudent des Gouvernants, auxquels revient 2309
aussi le droit d'imposer aux citoyens l'obligation de la défense nationale, étant sauf le droit personnel à l'objection de conscience, obligation qui peut être réalisée par d'autres formes de service de la communauté humaine.

485. En cas de guerre, que demande la loi morale?

La loi morale demeure toujours valide, même en cas de guerre. Elle 2312-2314 2328
demande que soient traités avec humanité les non-combattants, les soldats blessés et les prisonniers. Les actes délibérément contraires au droit des gens et les ordres qui les commandent sont des crimes que l'obéissance aveugle ne suffit pas à excuser. Il faut condamner les destructions massives, ainsi que l'extermination d'un peuple ou d'une minorité ethnique. Ce sont des péchés très graves et on est moralement tenu de résister aux ordres de ceux qui les commandent.

486. Que faut-il faire pour éviter la guerre?

On doit faire ce qui est raisonnablement possible pour éviter à tout 2315-2317 2327-2330
prix la guerre, étant donné les maux et les injustices qu'elle provoque. En particulier, il faut éviter l'accumulation et le commerce des armes non dûment réglementées par les pouvoirs légitimes; les injustices, surtout économiques et sociales; les discriminations ethniques et religieuses; l'envie, la défiance, l'orgueil et l'esprit de vengeance. Tout ce qui est fait pour vaincre ces désordres et d'autres encore contribue à édifier la paix et à éviter la guerre.

Le sixième commandement : Tu ne commettras pas d'adultère

487. Quel est le devoir de la personne humaine en ce qui concerne son identité sexuelle?

Dieu a créé l'homme, homme et femme, avec la même dignité person- 2331-2336 2392-2393
nelle. Il a inscrit en chacun la vocation à l'amour et à la communion. Il revient à chacun d'accepter sa propre identité sexuelle, en en reconnaissant l'importance pour toute la personne, la spécificité et la complémentarité.

488. Qu'est-ce que la chasteté?

La chasteté est l'intégration réussie de la sexualité dans la personne. 2337-2338
La sexualité devient vraiment humaine quand elle est intégrée de manière

juste dans la relation de personne à personne. La chasteté est une vertu morale, un don de Dieu, une grâce, un fruit de l'Esprit.

489. Que comporte la vertu de chasteté?

2339-2341 Elle comporte l'apprentissage de la maîtrise de soi, en tant qu'expression de la liberté humaine orientée au don de soi. Dans ce but, une éducation intégrale et permanente est nécessaire; elle se réalise par étapes graduelles de croissance.

490. De quels moyens dispose-t-on pour aider à vivre la chasteté?

2340-2347 Les moyens à disposition sont nombreux : la grâce de Dieu, le secours des sacrements, la prière, la connaissance de soi, la pratique d'une ascèse adaptée aux diverses situations, l'exercice des vertus morales, en particulier de la vertu de tempérance, qui vise à faire en sorte que les passions soient guidées par la raison.

491. De quelle manière tous les baptisés sont-ils appelés à vivre la chasteté?

2348-2350 2394 Tous les baptisés, suivant le Christ modèle de chasteté, sont appelés à mener une vie chaste, selon leur état de vie : les uns, en vivant dans la virginité ou dans le célibat consacré, manière éminente de se consacrer plus facilement à Dieu d'un cœur sans partage; les autres, s'ils sont mariés, en pratiquant la chasteté conjugale; s'ils ne sont pas mariés, en vivant la chasteté dans la continence.

492. Quels sont les principaux péchés contre la chasteté?

2351-2359 2396 Sont des péchés gravement contraires à la chasteté, chacun selon la nature de son objet : l'adultère, la masturbation, la fornication, la pornographie, la prostitution, le viol, les actes homosexuels. Ces péchés sont l'expression du vice de la luxure. Commis sur des mineurs, de tels actes sont un attentat encore plus grave contre leur intégrité physique et morale.

493. Pourquoi le sixième commandement, bien qu'il dise « Tu ne commettras pas d'adultère », interdit-il tous les péchés contre la chasteté?

2336 Bien que dans le texte biblique du Décalogue on lise « Tu ne commettras pas d'adultère » (*Ex*, 20,14), la Tradition de l'Église suit intégralement les enseignements moraux de l'Ancien et du Nouveau Testament, et considère le sixième commandement comme englobant tous les péchés contre la chasteté.

494. Quel est le devoir des autorités civiles en ce qui concerne la chasteté?

Parce qu'elles sont tenues de promouvoir le respect de la dignité de la personne, les autorités civiles doivent contribuer à créer un climat favorable à la chasteté, même en empêchant, par des lois appropriées, la diffusion de certaines des graves offenses à la chasteté précédemment évoquées, surtout en vue de protéger les mineurs et les personnes les plus fragiles. 2354

495. Quels sont les biens de l'amour conjugal auquel est ordonnée la sexualité?

Les biens de l'amour conjugal qui, pour les baptisés, est sanctifié par le sacrement de mariage sont : l'unité, la fidélité, l'indissolubilité et l'ouverture à la fécondité. 2360-2361 2397-2398

496. Quelle signification a l'acte conjugal?

L'acte conjugal a une double signification : unitive (la donation réciproque des époux), et procréatrice (l'ouverture à la transmission de la vie). Nul ne doit briser le lien indissociable que Dieu a voulu entre les deux significations de l'acte conjugal, en excluant l'une ou l'autre d'entre elles. 2362-2367

497. Quand la régulation des naissances est-elle morale?

La régulation des naissances, qui représente un des aspects de la paternité et de la maternité responsables, est objectivement conforme à la morale quand elle se vit entre les époux sans contrainte extérieure, ni par égoïsme, mais pour des motifs sérieux et par des méthodes conformes aux critères objectifs de moralité, à savoir par la continence périodique et le recours aux périodes inféconds. 2368-2369 2399

498. Quels sont les moyens de régulation des naissances qui sont immoraux?

Est intrinsèquement immorale toute action – comme, par exemple, la stérilisation directe ou la contraception – qui, en prévision de l'acte conjugal ou dans sa réalisation ou encore dans ses conséquences naturelles, se propose, comme but et comme moyen, d'empêcher la procréation. 2370-2372

499. Pourquoi l'insémination et la fécondation artificielles sont-elles immorales?

Elles sont immorales parce qu'elles dissocient la procréation de l'acte par lequel les époux se donnent l'un à l'autre, instaurant de ce fait une domination de la technique sur l'origine et la destinée de la personne humaine. En outre, l'insémination et la fécondation hétérologues, par le 2373-2377 recours à des techniques qui font intervenir une personne étrangère au couple, lèsent le droit de l'enfant à naître d'un père et d'une mère connus de lui et liés entre eux par le mariage et ayant le droit exclusif de ne devenir parents que l'un par l'autre.

500. Comment doit-on considérer un enfant?

2378 L'enfant est un *don de Dieu*, le don le plus excellent du mariage. Il n'existe pas un droit d'avoir des enfants (l'enfant dû à tout prix). Il existe au contraire le droit pour l'enfant d'être le fruit de l'acte conjugal de ses parents ainsi que le droit d'être respecté comme personne dès le moment de sa conception.

501. Que peuvent faire les époux, lorsqu'ils n'ont pas d'enfants?

2379 Si le don de l'enfant ne leur a pas été fait, les époux, après avoir épuisé les recours légitimes de la médecine, peuvent marquer leur générosité par l'accueil ou par l'adoption, ou encore par l'accomplissement de services exigeants à l'égard d'autrui. Ils réalisent ainsi une précieuse fécondité spirituelle.

502. Quelles sont les offenses à la dignité du mariage?

2380-2391 2400 Ce sont : l'adultère, le divorce, la polygamie, l'inceste, l'union libre (cohabitation, concubinage), l'acte sexuel avant le mariage ou en dehors du mariage.

LE SEPTIÈME COMMANDEMENT : TU NE VOLERAS PAS

503. Que déclare le septième commandement?

2401-2402 Il déclare la destination et la distribution universelles des biens, la propriété privée, le respect des personnes et de leurs biens, et le respect de l'intégrité de la création. Dans ce commandement, l'Église trouve aussi le fondement de sa doctrine sociale, qui comprend la rectitude dans l'action, que ce soit dans le domaine économique, dans la vie sociale et politique, dans le droit et le devoir du travail humain, dans la justice et la solidarité entre les nations, ou dans l'amour pour les pauvres.

504. Quelles sont les conditions du droit à la propriété privée?

2403 Le droit à la propriété privée existe à condition que la propriété soit acquise ou reçue de manière juste et que demeure primordiale la destination universelle des biens afin de satisfaire les besoins fondamentaux de tous les hommes.

505. Quelle est la finalité de la propriété privée?

La propriété privée a pour finalité de garantir la liberté et la dignité des individus, les aidant à satisfaire les besoins fondamentaux de ceux dont ils ont la responsabilité et aussi de ceux qui vivent dans la nécessité. 2404-2406

506. Que prescrit le septième commandement?

Le septième commandement prescrit le respect des biens d'autrui, par la pratique de la justice et de la charité, de la tempérance et de la solidarité. Il exige en particulier : le *respect des promesses et des contrats stipulés*, la *réparation de toute injustice* commise et la restitution des biens volés; le respect de l'*intégrité de la création*, grâce à un usage prudent et modéré des ressources minérales, végétales et animales qui existent dans l'univers, avec une attention spéciale aux espèces menacées d'extinction. 2407 2450-2451

507. Quel comportement doit avoir l'homme envers les animaux?

L'homme doit traiter avec bienveillance les animaux, qui sont des créatures de Dieu, en évitant à leur égard soit un amour excessif, soit un usage aveugle, surtout pour des expérimentations scientifiques effectuées au-delà des limites raisonnables et avec d'inutiles souffrances pour les animaux eux-mêmes. 2416-2418 2457

508. Qu'interdit le septième commandement?

Le septième commandement interdit avant tout le vol, qui consiste en l'usurpation du bien d'autrui contre la volonté raisonnable du propriétaire. Il en va de même dans le fait de payer des salaires injustes, de spéculer sur la valeur des biens pour en tirer des avantages au détriment d'autrui, de contrefaire des chèques ou des factures. Il est interdit en outre de commettre des fraudes fiscales ou commerciales, d'infliger volontairement un dommage aux propriétés privées ou publiques, de pratiquer aussi l'usure, la corruption, l'abus privé des biens sociaux, les travaux mal exécutés de manière consciente, le gaspillage. 2408-2413 2453-2455

509. Quel est le contenu de la doctrine sociale de l'Église?

La doctrine sociale de l'Église, en tant que développement organique de la vérité de l'Évangile sur la dignité de la personne humaine et sa dimension sociale, contient des principes de réflexion, formule des critères de jugement, et présente des normes et des orientations pour l'action. 2419-2423

510. Quand l'Église intervient-elle en matière sociale?

L'Église intervient en portant un jugement moral en matière économique et sociale, quand cela est exigé par les droits primordiaux de la personne, par le bien commun ou par le salut des âmes. 2420 2458

511. Comment doit s'exercer la vie sociale et économique?

2459 La vie sociale et économique doit s'exercer selon ses méthodes propres, dans le cadre de l'ordre moral, pour le service de l'homme dans son intégralité et pour le service de toute la communauté humaine, dans le respect de la justice sociale. Elle doit avoir l'homme comme auteur, centre et fin.

512. Qu'est-ce qui s'oppose à la doctrine sociale de l'Église?

2424-2425 S'opposent à la doctrine sociale de l'Église les systèmes économiques et sociaux qui sacrifient les droits primordiaux des personnes ou qui font du profit leur règle exclusive et leur fin ultime. C'est pourquoi l'Église réfute les idéologies associées au cours de la période moderne au « communisme » ou aux autres formes athées et totalitaires de « socialisme ». En outre, dans la pratique du « capitalisme », elle réfute l'individualisme et le primat absolu de la loi du marché sur le travail humain.

513. Quel est le sens du travail pour l'homme?

2426-2428 2460-2461 Pour l'homme, le travail est un devoir et un droit, grâce auquel il coopère avec Dieu créateur. En effet, en travaillant avec soin et compétence, la personne met en œuvre des capacités inscrites dans sa nature, manifeste les dons du Créateur et les talents qu'il a reçus; elle subvient à ses besoins et à ceux de ses proches; et elle sert la communauté humaine. En outre, avec la grâce de Dieu, le travail peut être un moyen de sanctification et de collaboration avec le Christ pour le salut d'autrui.

514. À quel type de travail toute personne a-t-elle droit?

2429, 2433-2434 L'accès à un travail sûr et honnête doit être ouvert à tous, sans discrimination injuste, dans le respect de la libre initiative économique et d'une rétribution équitable.

515. Quelle est la responsabilité de l'État en ce qui concerne le travail?

2431 Il revient à l'État d'assurer la sécurité concernant la garantie des libertés des individus et de la propriété, ainsi qu'une monnaie stable et des services publics efficaces; de surveiller et de conduire l'application des droits humains dans le secteur économique. En fonction des circonstances, la société doit aider les citoyens à trouver du travail.

516. Quelle est la tâche des dirigeants des entreprises?

2432 Les dirigeants des entreprises ont la responsabilité économique et écologique de leurs opérations. Ils sont tenus de considérer le bien des personnes et pas seulement l'augmentation des profits; ceux-ci sont cependant nécessaires pour réaliser les investissements, l'avenir des entreprises, l'emploi et la bonne marche de la vie économique.

517. Quels sont les devoirs des travailleurs?

Ils doivent s'acquitter de leur travail avec conscience, compétence 2435
et dévouement, cherchant à résoudre les conflits éventuels par le dialogue. Le recours à la grève non violente est moralement légitime quand il se présente comme un élément nécessaire en vue d'un bénéfice proportionné, tout en tenant compte du bien commun.

518. Comment s'exercent la justice et la solidarité entre les nations?

Au niveau international, toutes les nations et toutes les institutions 2437-2441
doivent agir dans la solidarité et la subsidiarité, dans le but d'éliminer ou au moins de réduire la misère, l'inégalité des ressources et des moyens économiques, les injustices économiques et sociales, l'exploitation des hommes, l'accroissement de la dette des pays pauvres, les mécanismes pervers qui font obstacle au développement des pays les moins avancés.

519. Comment les chrétiens participent-ils à la vie politique et sociale?

Les fidèles laïcs interviennent directement dans la vie politique et 2442
sociale en animant avec un esprit chrétien les réalités temporelles et en collaborant avec tous, comme authentiques témoins de l'Évangile et artisans de paix et de justice.

520. De quoi s'inspire l'amour pour les pauvres?

L'amour envers les pauvres s'inspire de l'Évangile des béatitudes et 2443-2449
de l'exemple de Jésus dans son attention constante envers les pauvres. Jésus 2462-2463
a dit: « Ce que vous avez fait au plus petit de mes frères, c'est à moi que vous l'avez fait » (*Mt* 25,40). L'amour envers les pauvres passe par l'engagement contre la pauvreté matérielle et contre les multiples formes de pauvreté culturelle, morale et religieuse. Les œuvres de miséricorde, spirituelles et corporelles, et les nombreuses institutions de bienfaisance nées au long des siècles sont un témoignage concret de l'amour préférentiel pour les pauvres qui caractérise les disciples de Jésus.

Le huitième commandement : Tu ne feras pas de faux témoignages

521. Quel est le devoir de l'homme à l'égard de la vérité?

Toute personne est appelée à la sincérité et à la véracité dans sa con- 2464-2470
duite et dans ses paroles. Chacun a l'obligation de chercher la vérité et d'y 2504

adhérer, ordonnant toute sa vie selon les exigences de la vérité. En Jésus Christ la vérité de Dieu s'est manifestée tout entière. Il *est la Vérité*. Qui le suit vit dans l'Esprit de vérité et fuit la duplicité, la simulation et l'hypocrisie.

522. Comment rend-on témoignage à la vérité?

2471-2474 2505-2506 Le chrétien doit témoigner de la vérité évangélique dans tous les domaines de son activité publique et privée, même au prix du sacrifice de sa vie, si cela est nécessaire. Le martyre est le témoignage suprême rendu à la vérité de la foi.

523. Qu'interdit le huitième commandement?

2475-2487 2507-2509 Le huitième commandement interdit :

le *faux témoignage* et le *parjure*, le *mensonge*, dont la gravité se mesure à la déformation de la vérité réalisée, aux circonstances, aux intentions du menteur et aux dommages subis pas ses victimes;

le *jugement téméraire*, la *médisance*, la *diffamation*, la *calomnie*, qui diminuent ou détruisent la bonne réputation et l'honneur auxquels toute personne a droit;

la *flatterie*, l'*adulation* et la *complaisance*, surtout si elles ont pour but des péchés graves ou le consentement à des avantages illicites.

Toute faute commise contre la vérité oblige à réparation si elle a causé du tort à autrui.

524. Que demande le huitième commandement?

2488-2492 2510-2511 Le huitième commandement demande le respect de la vérité, accompagné de la discrétion de la charité : dans la *communication et l'information*, qui doivent évaluer le bien individuel et commun, la défense de la vie privée, le risque de scandale. Le respect des *secrets professionnels* doit toujours être sauvegardé, sauf cas exceptionnels, et pour des motifs graves et proportionnés. Est aussi requis le respect des *confidences* faites sous le sceau du secret.

525. Comment doivent être utilisés les moyens de communication sociale?

2493-2499 2512 L'information dans les médias doit être au service du bien commun; dans son contenu, elle doit toujours être vraie et, en sauvegardant la justice et la charité, intégrale. D'autre part, elle doit s'exprimer d'une manière honnête et opportune, respectant scrupuleusement les lois morales, les droits légitimes et la dignité de la personne.

526. Quelle relation y a-t-il entre vérité, beauté et art sacré?

La vérité est belle en elle-même. Elle comporte la splendeur de la beauté spirituelle. Outre la parole, il existe de nombreuses formes d'expression de la vérité, en particulier les œuvres d'art. Elles sont le fruit d'un talent donné par Dieu et de l'effort de l'homme. *L'Art sacré*, pour être vrai et beau, doit évoquer et glorifier le mystère du Dieu révélé dans le Christ et conduire à l'adoration et à l'amour du Dieu créateur et sauveur, Beauté suréminente de Vérité et d'Amour. 2500-2503 2513

Le neuvième commandement : Tu ne désireras pas la femme de ton prochain

527. Que demande le neuvième commandement?

Le neuvième commandement requiert de vaincre la concupiscence charnelle dans les pensées et les désirs. Le combat contre la concupiscence passe par la purification du cœur et par la pratique de la vertu de tempérance. 2514-2516 2528-2530

528. Qu'interdit le neuvième commandement?

Le neuvième commandement interdit de cultiver des pensées et les désirs concernant les actes défendus par le sixième commandement. 2517-2519 2531-2532

529. Comment parvient-on à la pureté du cœur?

Avec la grâce de Dieu et en luttant contres les désirs désordonnés, le baptisé parvient à la pureté du cœur par la vertu et le don de chasteté, la pureté d'intention, la transparence du regard, extérieur et intérieur, la discipline des sentiments et de l'imagination, la prière. 2520

530. Quelles sont les autres exigences de la pureté?

La pureté exige la *pudeur*; elle protège l'intimité de la personne, exprime la délicatesse de la chasteté, règle les regards et les gestes pour qu'ils soient conformes à la dignité des personnes et de leur union. Elle libère de l'érotisme ambiant et tient à l'écart de tout ce qui favorise la curiosité malsaine. Elle requiert encore une *purification du climat social*, par un combat soutenu contre la permissivité des mœurs, qui repose sur une conception erronée de la liberté humaine. 2521-2527 2533

Le dixième commandement : Tu ne convoiteras pas le bien du prochain

531. Que commande et que défend le dixième commandement?

2534-2540
2551-2554 Ce commandement complète le précédent. Il demande une attitude intérieure de respect dans les rapports avec la propriété d'autrui. Il interdit l'*avidité*, la *convoitise effrénée* des biens d'autrui, l'*envie*, qui traduit la tristesse éprouvée devant les biens d'autrui et le désir immodéré de se les approprier.

532. Que demande Jésus par la pauvreté du cœur?

2544-2547
2556 Jésus demande à ses disciples de le préférer, Lui, à tout et à tous. Le détachement des richesses dans un esprit de pauvreté évangélique et l'abandon à la providence de Dieu, qui nous libère de l'inquiétude du lendemain, disposent à la béatitude des « pauvres en esprit, parce que le Royaume des cieux est à eux » (*Mt* 5,3).

533. Quel est le plus grand désir de l'homme?

2548-2550
2557 Le plus grand désir de l'homme, c'est de voir Dieu. C'est le cri de tout son être : « Je veux voir Dieu ». En effet, l'homme réalise son bonheur vrai et total dans la vision et la béatitude de celui qui l'a créé par amour et qui l'attire à lui dans son amour infini.

> *« Celui qui voit Dieu a obtenu tous les biens que l'on peut concevoir »* (saint Grégoire de Nysse).

ϯⲡⲉⲛⲧⲏⲕⲟⲥⲧⲏ

L'icône retrace le récit biblique de la Pentecôte :

« Quand arriva la Pentecôte, ils se trouvaient réunis tous ensemble. Soudain il vint du ciel un bruit pareil à celui d'un violent coup de vent : toute la maison où ils se tenaient en fut remplie. Ils virent apparaître comme une sorte de feu qui se partageait en langues et qui se posa sur chacun d'eux. Alors ils furent tous remplis de l'Esprit Saint : ils se mirent à parler en d'autre langues, et chacun s'exprimait selon le don de l'Esprit. » (*Ac* 2, 1-4).

Dans l'icône, de la colombe, symbole de l'Esprit Saint, on voit se détacher un cône de lumière intense, qui enveloppe Marie et les Apôtres. C'est la lumière qui éclaire l'esprit des Apôtres, en leur communiquant les dons de la science, de la sagesse et de l'intelligence des réalités divines, mais aussi les dons de la piété, de la force, du conseil et de la crainte de Dieu.

Sur leur tête se posent en outre des langues de feu, comme pour indiquer la plénitude de l'amour divin, qui les poussera à être des annonciateurs de l'Évangile à tous les peuples. En effet, l'abondance de la grâce permettra aux Apôtres d'être compris de tous, la langue de l'amour étant universelle et accessible à tous. À la division des langues entre les peuples, la Pentecôte oppose le remède de l'unité des peuples.

Au centre de l'icône, domine Marie, Mère de l'Église, Reine des Apôtres et orante parfaite. C'est dans l'amour de l'Esprit Saint que les fidèles peuvent faire monter vers Dieu leur prière filiale, selon les paroles de l'Apôtre : « Et voici la preuve que vous êtes des fils : envoyé par Dieu, l'Esprit de son Fils est dans nos cœurs, et il crie vers le Père en l'appelant "*Abba!*" » (*Ga* 4,6).

Icône copte de la Pentecôte, telle que retrouvée sur *Coptic Network* (www.coptic.net).

QUATRIÈME PARTIE

LA PRIÈRE CHRÉTIENNE

PREMIÈRE SECTION

LA PRIÈRE DANS LA VIE CHRÉTIENNE

Tous les moments sont bons pour prier. L'Église propose cependant aux fidèles des temps, destinés à scander et à alimenter la prière continuelle : la prière du matin et du soir, avant et après les repas, la Liturgie des Heures, l'Eucharistie dominicale; le chapelet; les fêtes de l'année liturgique.

L'icône montre quelques-unes des principales fêtes de l'année liturgique, qui marquent la prière de l'Église. Au centre domine la représentation du mystère pascal : la Résurrection de Jésus et son Ascension au Ciel. C'est de cette solennité, sommet de la prière liturgique, que tirent sens et efficacité salvifique toutes les autres fêtes, celles de Jésus et celles de Marie.

Icône des principales fêtes liturgiques.

534. Qu'est-ce que la prière?

La prière est l'élévation de l'âme vers Dieu ou la demande faite à Dieu des biens conformes à sa volonté. Elle est toujours un don de Dieu qui vient à la rencontre de l'homme. La prière chrétienne est une relation personnelle et vivante des fils de Dieu avec leur Père infiniment bon, avec son Fils Jésus Christ, avec le Saint-Esprit qui habite en leur cœur. 2558-2565 2590

CHAPITRE I
LA RÉVÉLATION DE LA PRIÈRE

535. Pourquoi y a-t-il un appel universel à la prière?

Parce que Dieu, en tout premier lieu par la création, appelle tout être du néant. Et même après la chute, l'homme continue d'être capable de reconnaître son Créateur, gardant en lui le désir de celui qui l'a appelé à l'existence. Toutes les religions, et particulièrement toute l'histoire du salut, témoignent de ce désir de Dieu chez l'homme. Mais c'est Dieu le premier qui attire inlassablement chaque personne à la rencontre mystérieuse de la prière. 2566-2567

La Révélation de la prière dans l'Ancien Testament

536. En quoi Abraham est-il un modèle de prière?

Abraham est un modèle de prière parce qu'il marche en présence de Dieu, qu'il l'écoute et qu'il lui obéit. Sa prière est un combat de la foi parce que, même dans les moments d'épreuve, il continue de croire en la fidélité de Dieu. En outre, après avoir reçu sous sa tente la visite du Seigneur qui lui confie ses desseins, Abraham ose intercéder pour les pécheurs avec une confiance audacieuse. 2570-2573 2592

537. Comment Moïse priait-il?

La prière de Moïse est typique de la prière contemplative. Dieu, qui, du Buisson ardent, a appelé Moïse, s'entretient avec lui souvent et longuement, « face à face, comme un homme parle à son ami » (*Ex* 33,11). Dans 2574-2577 2593 cette intimité avec Dieu, Moïse puise la force d'intercéder avec insistance en faveur de son peuple : sa prière préfigure ainsi l'intercession de l'unique médiateur, Jésus Christ.

538. Dans l'Ancien Testament, quels sont les rapports du temple et du roi avec la prière?

2578-2580
2594 À l'ombre de la demeure de Dieu – l'Arche de l'Alliance, puis le temple –, s'épanouit la prière du peuple de Dieu, sous la conduite de ses pasteurs. Parmi eux, il y a David, le roi « selon le cœur de Dieu », le pasteur qui prie pour son peuple. Sa prière est un modèle pour la prière du peuple, parce qu'elle est adhésion à la promesse divine et confiance remplie d'amour pour Celui qui est le seul Roi et le seul Seigneur.

539. Quelle est le rôle de la prière dans la mission des Prophètes?

2581-2584 Les Prophètes puisent dans la prière lumière et force pour exhorter le peuple à la foi et à la conversion du cœur. Ils entrent dans une grande intimité avec Dieu et ils intercèdent pour leurs frères, auxquels ils annoncent ce qu'ils ont vu et entendu de la part du Seigneur. Élie est le père des Prophètes, c'est-à-dire de ceux qui cherchent le Visage de Dieu. Sur le Mont Carmel, il obtient le retour du peuple à la foi, grâce à l'intervention de Dieu qu'il supplie ainsi : « Réponds-moi, Seigneur, réponds-moi » (*1 R* 18,37).

540. Quelle est l'importance des Psaumes dans la prière?

2579
2585-2589
2596-2597 Les Psaumes sont le sommet de la prière dans l'Ancien Testament : la parole de Dieu y devient prière de l'homme. Tout à la fois personnelle et communautaire, cette prière, inspirée par l'Esprit Saint, chante les merveilles de Dieu dans la création et dans l'histoire du salut. Le Christ a prié les Psaumes et les a portés à leur accomplissement. C'est pourquoi ils demeurent un élément essentiel et permanent de la prière de l'Église, adapté aux hommes de toute condition et de tous les temps.

La prière est pleinement révélée et réalisée en Jésus

541. De qui Jésus a-t-il appris à prier?

2599
2620 Selon son cœur d'homme, Jésus a appris à prier de sa mère et de la tradition juive. Mais sa prière jaillit d'une source plus secrète, parce qu'il est le Fils éternel de Dieu qui, dans sa sainte humanité, adresse à son Père la prière filiale parfaite.

542. Quand Jésus priait-il?

L'Évangile montre souvent Jésus en prière. Nous le voyons retiré dans la solitude, même la nuit. Il prie avant les moments décisifs de sa mission ou de celle des Apôtres. De fait, toute sa vie est prière, parce qu'il est en constante communion d'amour avec son Père. 2600-2604 2620

543. Comment Jésus a-t-il prié durant sa passion?

Pendant l'agonie au Jardin de Gethsémani, ainsi que par les dernières paroles sur la Croix, la prière de Jésus révèle la profondeur de sa prière filiale. Jésus porte à son achèvement le dessein d'amour du Père et prend sur lui toutes les angoisses de l'humanité, toutes les demandes et les intercessions de l'histoire du salut. Il les présente au Père qui les accueille et les exauce au-delà de toute espérance, en le ressuscitant des morts. 2605-2606 2620

544. Comment Jésus nous enseigne-t-il à prier?

Jésus nous enseigne à prier non seulement avec la prière du *Notre Père*, mais aussi quand il est en prière. De cette manière, en plus du contenu de la prière, il nous enseigne les dispositions requises pour une prière vraie : la pureté du cœur qui cherche le Royaume et qui pardonne à ses ennemis, la confiance audacieuse et filiale qui va au-delà de ce que nous ressentons et comprenons, la vigilance qui protège le disciple de la tentation. C'est la prière au Nom de Jésus, notre Médiateur auprès du Père. 2608-2614 2621

545. Pourquoi notre prière est-elle efficace?

Notre prière est efficace parce qu'elle est unie dans la foi à celle de Jésus. En lui, la prière chrétienne devient communion d'amour avec le Père. Nous pouvons alors présenter nos demandes à Dieu et être exaucés : « Demandez et vous recevrez, et votre joie sera parfaite » (*Jn* 16,24). 2615-2616

546. Comment priait la Vierge Marie?

La prière de Marie se caractérise par sa foi et par l'offrande généreuse de tout son être à Dieu. La Mère de Jésus est aussi la Nouvelle Ève, la « Mère des vivants ». Elle prie Jésus, son Fils, pour les besoins des hommes. 2617; 2618 2622; 2674 2679

547. Y a-t-il une prière de Marie dans l'Évangile?

Hormis l'intercession de Marie à Cana en Galilée, l'Évangile nous mentionne le *Magnificat* (*Lc* 1,46-55), qui est le cantique de la Mère de Dieu et celui de l'Église; c'est le remerciement joyeux qui jaillit du cœur des pauvres parce que leur espérance est réalisée par l'accomplissement des promesses divines. 2619

La prière dans le temps de l'Église

548. Comment priait la première communauté chrétienne de Jérusalem?

2623-2624 Au début des *Actes des Apôtres*, il est écrit que, dans la première communauté de Jérusalem, formée par l'Esprit Saint à la vie de prière, les croyants « étaient assidus à l'enseignement des Apôtres, à la communion fraternelle, à la fraction du pain et aux prières » (*Ac* 2,42).

549. Comment l'Esprit Saint intervient-il dans la prière de l'Église?

2623; 2625 Le Saint-Esprit, Maître intérieur de la prière chrétienne, forme l'Église à la vie de prière et il la fait entrer toujours plus profondément dans la contemplation et dans l'union avec l'insondable mystère du Christ. Les formes de prière, telles que les révèlent les Écrits apostoliques et canoniques, resteront normatives pour la prière chrétienne.

550. Quelles sont les formes essentielles de la prière chrétienne?

2643-2644 Ce sont la bénédiction et l'adoration, la prière de demande et d'intercession, l'action de grâce et la louange. L'Eucharistie contient et exprime toutes les formes de prière.

551. Qu'est-ce que la bénédiction?

2626-2627
2645 La bénédiction est la réponse de l'homme aux dons de Dieu. Nous bénissons le Tout-Puissant qui nous a bénis le premier et qui nous comble de ses dons.

552. Comment définir l'adoration?

2628 L'adoration est le prosternement de l'homme, qui se reconnaît créature devant son Créateur trois fois saint.

553. Quelles sont les diverses formes de la prière de demande?

2629-2633
2646 Il peut s'agir d'une demande de pardon ou encore d'une demande humble et confiante pour tous nos besoins, tant spirituels que matériels. Mais la première réalité à désirer, c'est la venue du Royaume.

554. En quoi consiste l'intercession?

2634-2636
2647 L'intercession consiste à demander en faveur d'un autre. Elle nous conforme et nous unit à la prière de Jésus, qui intercède auprès du Père pour tous les hommes, en particulier pour les pécheurs. L'intercession doit s'étendre même à nos ennemis.

555. Quand rend-on à Dieu l'action de grâce?

L'Église rend sans cesse grâce à Dieu, surtout en célébrant l'Eucharistie dans laquelle le Christ la fait participer à son action de grâce au Père. Pour le chrétien, tout événement devient matière à action de grâce. 2637-2638 2648

556. Qu'est-ce que la prière de louange?

La louange est la forme de prière qui reconnaît le plus immédiatement que Dieu est Dieu. Elle est totalement désintéressée : elle chante Dieu pour lui-même et lui rend gloire parce qu'il est. 2639-2643 2649

CHAPITRE II
LA TRADITION DE LA PRIÈRE

557. Quelle est l'importance de la Tradition en relation avec la prière?

Dans l'Église, c'est à travers la Tradition vivante que l'Esprit Saint apprend à prier aux enfants de Dieu. En effet, la prière ne se réduit pas au jaillissement spontané d'une impulsion intérieure, mais elle implique la contemplation, l'étude et la pénétration profonde des réalités spirituelles dont on fait l'expérience. 2650-2651

Aux sources de la prière

558. Quelles sont les sources de la prière chrétienne?

Ce sont : la *Parole de Dieu*, qui nous donne la « sublime science » du Christ (*Ph* 3,8); la *Liturgie de l'Église*, qui annonce, actualise et communique le mystère du salut; les *vertus théologales*; les *situations quotidiennes*, parce qu'elles nous permettent de rencontrer Dieu. 2652-2662

> *« Je Vous aime, Seigneur, et la seule grâce que je Vous demande, c'est de Vous aimer éternellement [...]. Mon Dieu, si ma langue ne peut dire à tous moments que je Vous aime, je veux que mon cœur Vous le répète autant de fois que je respire »* (saint Jean Marie Vianney).

Le chemin de la prière

559. Existe-t-il dans l'Église différents chemins de prière?

Dans l'Église, il existe divers chemins de prière, liés aux différents contextes d'ordre historique, social et culturel. Il appartient au Magistère de 2663 discerner leur fidélité à la tradition de la foi apostolique, et aux pasteurs et aux catéchètes d'en expliquer le sens, qui est toujours en relation avec Jésus Christ.

560. Quel est le chemin de notre prière?

2664
2680-2681 Le chemin de notre prière est le Christ, car elle s'adresse à Dieu notre Père, mais ne parvient jusqu'à lui que si, au moins de façon implicite, nous prions au Nom de Jésus. Son humanité est en effet la seule voie par laquelle l'Esprit Saint nous enseigne à prier le *Notre Père*. C'est pourquoi les prières liturgiques s'achèvent par la formule « Par Jésus, le Christ, notre Seigneur ».

561. Quel est le rôle de l'Esprit Saint dans la prière?

2670-2672
2680-2681 Parce que le Saint-Esprit est le Maître intérieur de la prière chrétienne et que « nous ne savons pas ce que nous devons demander » (*Rm* 8,26), l'Église nous exhorte à l'invoquer et à l'implorer en toute occasion : « Viens Esprit Saint! »

562. En quoi la prière chrétienne est-elle mariale?

2673-2679
2682 En raison de la coopération singulière de Marie à l'action de l'Esprit Saint, l'Église aime la prier et prier avec elle, l'Orante parfaite, pour magnifier et invoquer le Seigneur avec elle. En effet, Marie nous « montre le chemin », qui est son Fils, l'unique Médiateur.

563. Comment l'Église prie-t-elle Marie?

2676-2678
2682 Avant tout avec l'*Ave Maria* (*Je vous salue, Marie*), prière par laquelle l'Église demande l'intercession de la Vierge. Parmi les autres prières mariales, il y a le *Rosaire*, l'hymne *acathiste*, la *Paraclèse*, les hymnes et les cantiques des diverses traditions chrétiennes.

Des Guides pour la prière

564. Comment les saints sont-ils des guides pour la prière?

2683-2684
2692-2693 Les saints sont nos modèles de prière et nous leur demandons aussi d'intercéder pour nous et pour le monde entier auprès de la Sainte Trinité. Leur intercession est leur plus haut service du dessein de Dieu. Tout au long de l'histoire de l'Église, se sont développés, dans la communion des saints, différents types de *spiritualité*, qui apprennent à vivre et à pratiquer la prière.

565. Qui peut éduquer à la prière?

2685-2690
2694-2695 La famille chrétienne est le premier foyer de l'éducation à la prière. La prière quotidienne en famille est particulièrement recommandée, parce qu'elle est le premier témoignage de la vie de prière de l'Église. La

catéchèse, les groupes de prière, la « direction spirituelle », constituent une école et une aide à la prière.

566. Quels sont les lieux favorables à la prière?

On peut prier n'importe où, mais le choix d'un lieu approprié n'est pas indifférent pour la prière. L'église est le lieu propre de la prière liturgique et de l'adoration eucharistique. D'autres lieux peuvent aussi aider à prier, comme un « coin de prière » à la maison, un monastère, un sanctuaire. 2691 2696

CHAPITRE III
LA VIE DE PRIÈRE

567. Quels sont les moments les plus indiqués pour la prière?

Tous les moments sont favorables à la prière. Mais l'Église propose aux fidèles des rythmes destinés à nourrir la prière continuelle : prières du matin et du soir, avant et après les repas, liturgie des Heures, Eucharistie dominicale, chapelet, fêtes de l'année liturgique. 2697-2698 2720

« *Il faut se souvenir de Dieu plus souvent qu'on ne respire* » (saint Grégoire de Nazianze).

568. Quelles sont les expressions de la vie de prière?

La tradition chrétienne a conservé trois expressions majeures pour exprimer et vivre la prière : la prière vocale, la méditation et la prière contemplative. Leur trait commun est le recueillement du cœur. 2697-2699

LES EXPRESSIONS DE LA PRIÈRE

569. Comment se caractérise la prière vocale?

La prière vocale associe le corps à la prière intérieure du cœur. Même la plus intérieure des prières ne saurait négliger la prière vocale. Dans tous les cas, elle doit toujours provenir d'une foi personnelle. Avec le *Notre Père*, Jésus nous a enseigné une formule parfaite de la prière vocale. 2700-2704 2722

570. Qu'est-ce que la méditation?

La méditation est une réflexion priante, qui part surtout de la Parole de Dieu dans la Bible. Elle met en œuvre l'intelligence, l'imagination, l'émotion, le désir, dans le but d'approfondir sa foi, de convertir son cœur 2705-2708 2723 et d'affermir sa volonté de suivre le Christ. Elle est une étape préliminaire vers l'union d'amour avec le Seigneur;

571. Qu'est-ce que la prière contemplative?

2709-2719
2724
2739-2741
La prière contemplative est un simple regard sur Dieu, dans le silence et dans l'amour. Elle est un don de Dieu, un moment de foi pure durant lequel celui qui prie cherche le Christ, s'en remet à la volonté d'amour du Père et se recueille sous l'action de l'Esprit Saint. Sainte Thérèse d'Avila la définit comme « un commerce intime d'amitié, où l'on s'entretient souvent seul à seul avec ce Dieu dont on se sait aimé ».

LE COMBAT DE LA PRIÈRE

572. Pourquoi la prière est-elle un combat?

2725
La prière est un don de la grâce, mais elle suppose toujours une réponse décidée de notre part parce que celui qui prie combat contre lui-même, contre la mentalité environnante et surtout contre le Tentateur, qui fait tout pour détourner de la prière. Le combat de la prière est inséparable du progrès de la vie spirituelle. On prie comme on vit, parce que l'on vit comme on prie.

573. Y a-t-il des objections à la prière?

2726-2728
2752-2753
En plus des conceptions erronées, beaucoup pensent qu'ils n'ont pas le temps de prier ou qu'il est inutile de prier. Ceux qui prient peuvent se décourager face aux difficultés et aux insuccès apparents. Pour vaincre ces obstacles, sont nécessaires l'humilité, la confiance et la persévérance.

574. Quelles sont les difficultés de la prière?

2729-2733
2754-2755
La *distraction* est la difficulté habituelle de notre prière. Elle détache de l'attention à Dieu et elle peut aussi révéler ce à quoi nous sommes attachés. Notre cœur doit alors se tourner humblement vers le Seigneur. La prière est souvent envahie par la *sécheresse*, dont le dépassement permet, dans la foi, d'adhérer au Seigneur, même sans consolation sensible. L'*acédie* est une forme de paresse spirituelle due au relâchement de la vigilance et de la négligence du cœur.

575. Comment fortifier notre confiance filiale?

2734-2741
2756
La confiance filiale est éprouvée quand nous avons le sentiment de n'être pas toujours exaucés. Nous devons alors nous demander si Dieu est pour nous un Père dont nous cherchons à faire la volonté, ou s'il est un

moyen pour obtenir ce que nous voulons. Si notre prière s'unit à celle de Jésus, nous savons qu'il nous accorde bien davantage que tel ou tel don : nous recevons l'Esprit Saint qui change notre cœur.

576. Est-il possible de prier à tout moment?

Prier est toujours possible, parce que le temps du chrétien est le temps du Christ ressuscité, qui est « avec nous tous les jours » (*Mt* 28,20). Prière et vie chrétienne sont donc inséparables. 2742-2745 2757

« *Il est possible, même au marché ou dans une promenade solitaire, de faire une fréquente et fervente prière. Assis dans votre boutique, soit en train d'acheter ou de vendre, ou même de faire la cuisine* » (saint Jean Chrysostome).

577. Qu'est la prière de l'Heure de Jésus?

On désigne ainsi la prière sacerdotale de Jésus au cours de la dernière Cène. Jésus, Grand-Prêtre de la Nouvelle Alliance, se tourne vers son Père quand vient l'*Heure* de son « passage » à Lui, l'*Heure* de son sacrifice. 2604 2746-2751 2758

DEUXIÈME SECTION

LA PRIÈRE DU SEIGNEUR : LE *NOTRE PÈRE*

Notre Père

Notre Père, qui es aux cieux,
que ton Nom soit sanctifié,
que ton Règne vienne,
que ta volonté soit faite,
sur la terre comme au ciel.
Donne-nous aujourd'hui notre pain de ce jour,
pardonne-nous nos offenses, comme nous
pardonnons aussi à ceux qui nous
ont offensés,
et ne nous soumets pas à la tentation,
mais délivre-nous du mal.

Pater Noster

Pater noster qui es in cælis:
sanctifícetur Nomen Tuum;
advéniat Regnum Tuum;
fiat volúntas Tua,
sicut in cælo, et in terra.
Panem nostrum
cotidiánum da nobis hódie;
et dimítte nobis débita nostra, sicut et nos
dimíttimus debitóribus nostris;
et ne nos indúcas in tentatiónem;
sed líbera nos a Malo.

« Un jour, quelque part, Jésus était en prière. Quand il eut terminé, un de ses disciples lui demanda : "Seigneur, apprends-nous à prier" » (*Lc* 11,1). Jésus répondit en leur apprenant le Notre Père.

Les disciples, qui pourtant étaient des experts dans la prière hébraïque de l'époque, furent fortement frappés par la singularité de la prière de leur maître. En effet, Jésus était continuellement en prière (cf. *Lc* 5,16). Les moments les plus importants de sa vie sont accompagnés de la prière : Jésus prie lors de son Baptême dans le Jourdain (*Lc* 3,21); avant d'appeler les Apôtres (*Lc* 6,12); avant la Transfiguration (*Lc* 9,28). Il prie pour la foi de Pierre (*Lc* 22,31-32) et pour l'envoi de l'Esprit Saint (*Jn* 14,15-17). Il prie avant la résurrection de Lazare (*Jn* 11,41) et au moment de son entrée triomphale dans Jérusalem (*Jn* 12,27). Il prie son Père pour sa glorification lors de la dernière Cène (*Jn* 17,1-5); pour les disciples (*Jn* 17,6-19) et pour tous les croyants (*Jn* 17,20-26). Il prie avant sa passion (*Lc* 22,39-46) et, au moment de la mort, il prie pour ses ennemis (*Lc* 23,34).

La prière de Jésus s'adresse au Père dans un dialogue d'obéissance, qui vivifie sa mission : « Ma nourriture, c'est de faire la volonté de celui qui m'a envoyé et d'accomplir son œuvre » (*Jn* 4,34). Cette communion intime avec le Père est source de joie et de louange : « Père, Seigneur du ciel et de la terre, je proclame ta louange [...]. Tout m'a été confié par mon Père; personne ne connaît le Fils, sinon le Père, et personne ne connaît le Père sinon le Fils, et celui à qui le Fils veut bien le révéler » (*Mt* 11,25.27).

La prière au Père était la respiration de son existence terrestre. Tout en venant habiter au milieu de nous, Jésus ne s'est jamais éloigné de la maison du Père, c'est-à-dire de la communion avec lui dans la prière. Par ailleurs, cependant, cette intimité filiale devient proximité salvifique et miséricordieuse auprès de ses frères, jusqu'au sacrifice suprême de la croix.

La prière de Jésus continue encore aujourd'hui (cf. *He* 7,25). Dans la liturgie eucharistique, le Christ, grand prêtre, offre au Père son sacrifice rédempteur. Il l'offre en communion avec son corps qui est l'Église. Chacune de nos prières s'élève vers le Père « par le Christ Notre Seigneur ». C'est cette prière du Christ qui soutient toutes nos prières, celles du cœur comme celles de la bouche. Quand l'Église prie, c'est le Fils qui embrasse les genoux du Père. La prière des fils monte vers le Père à travers la voix du Premier-Né. Ils sont nombreux, les bras levés pour invoquer, louer et supplier; mais la voix est unique, c'est celle du Fils.

Le cadre représente Jésus en prière au Gethsémani. Il accueille le calice amer de la passion en obéissance suprême au Père pour le salut de l'humanité.

El Greco, *La prière de Jésus au Jardin des Oliviers*, Musée de l'Art, Tolède (Ohio).

578. Quelle est l'origine du *Notre Père*?

Jésus nous a enseigné cette prière chrétienne irremplaçable, le *Notre Père*, un jour où un disciple, le voyant prier, lui demanda : « Apprends-nous à prier » (Lc 11,1). La tradition liturgique a toujours utilisé le texte de Matthieu (6,9-13). 2759-2760 2773

« La synthèse de tout l'Évangile »

579. Quelle est la place du *Notre Père* dans les Écritures?

Le *Notre Père* est le « résumé de tout l'Évangile » (Tertullien), « la plus parfaite des prières » (saint Thomas d'Aquin). Placé au centre du Sermon sur la Montagne (*Mt* 5-7), il reprend sous forme de prière le contenu essentiel de l'Évangile. 2761-2764 2774

580. Pourquoi est-il appelé « la prière du Seigneur »?

Le *Notre Père* est appelé « Oraison dominicale », c'est-à-dire « la prière du Seigneur », parce qu'il a été enseigné par le Seigneur lui-même. 2765-2766 2775

581. Quelle place tient le *Notre Père* dans la prière de l'Église?

Prière par excellence de l'Église, le *Notre Père* est « remis » au Baptême et à la Confirmation pour manifester la nouvelle naissance à la vie divine des fils de Dieu. L'Eucharistie en révèle le sens plénier, puisque ses demandes, s'appuyant sur le mystère du salut déjà réalisé, seront pleinement exaucées lors de la venue du Seigneur. Le *Notre Père* fait partie intégrante de la liturgie des Heures. 2767-2772 2776

« Notre Père qui es aux cieux »

582. Pourquoi pouvons-nous « oser nous approcher en toute confiance » de notre Père?

Parce que Jésus, notre Rédempteur, nous introduit devant la Face du Père, et que son Esprit fait de nous des fils. Ainsi, nous pouvons prier le *Notre Père* avec une confiance simple et filiale, avec une joyeuse assurance et une humble audace, dans la certitude d'être aimés et exaucés. 2777-2778 2797

583. Comment est-il possible d'invoquer Dieu comme « Père »?

2779-2785
2789 Nous pouvons invoquer le « Père » parce que le Fils de Dieu fait
2798-2800 homme nous l'a révélé et que son Esprit nous le fait connaître. L'invocation du Père nous fait entrer dans son mystère, avec un émerveillement toujours nouveau, et elle suscite en nous le désir de nous conduire de manière filiale. Avec la prière du Seigneur, nous prenons donc conscience d'être nous-mêmes des fils du Père, dans le Fils.

584. Pourquoi disons-nous « Notre » Père?

2786-2790
2801 « Notre » exprime une relation complètement nouvelle avec Dieu. Quand nous prions le Père, nous l'adorons et nous le glorifions avec le Fils et l'Esprit. Dans le Christ, nous sommes « son » peuple, et lui, il est « notre » Dieu, dès maintenant et pour l'éternité. En effet, nous disons « notre » Père parce que l'Église du Christ est la communion d'une multitude de frères, qui ne font qu'« un seul cœur et une seule âme » (*Ac* 4,32).

585. Avec quel esprit de communion et de mission prions-nous « notre » Père?

2791-2793
2801 Étant donné que prier « notre » Père est le bien commun des baptisés, ces derniers ressentent l'urgent appel à prendre part à la prière de Jésus pour l'unité de ses disciples. Prier le « Notre Père », c'est prier avec et pour tous les hommes, afin qu'ils connaissent le seul et vrai Dieu, et qu'ils soient rassemblés dans l'unité.

586. Que signifie l'expression « qui es aux cieux »?

2794-2796
2802 Cette expression biblique ne désigne pas un lieu, mais une manière d'être : Dieu est au-delà et au-dessus de tout. Elle désigne la majesté, la sainteté de Dieu, et aussi sa présence dans le cœur des justes. Le Ciel, ou la Maison du Père, constitue la vraie patrie vers laquelle nous tendons dans l'espérance, alors que nous sommes encore sur la terre. Nous vivons déjà en elle, « cachés en Dieu avec le Christ » (*Col* 3,3).

Les sept demandes

587. Comment se compose la prière du Seigneur?

2803-2806
2857 Elle contient sept demandes à Dieu le Père. Les trois premières, plus théologales, nous tournent vers lui, pour sa gloire : c'est le propre de l'amour de penser avant tout à celui qui nous aime. Elles indiquent ce que

nous avons tout particulièrement à demander : la sanctification du Saint Nom, la venue du Royaume, l'accomplissement de Sa volonté. Les quatre dernières demandes présentent au Père de miséricorde nos misères et nos attentes. Elles lui demandent notre nourriture, le pardon, le secours dans les tentations et la délivrance du Malin.

588. Que signifie : « Que ton Nom soit sanctifié » ?

Sanctifier le Nom de Dieu, c'est avant tout une louange qui reconnaît 2807-2812 2858
Dieu comme Saint. Dieu a en effet révélé son Nom à Moïse et il a voulu que son peuple lui soit consacré comme une nation sainte chez qui il habite.

589. Comment le Nom de Dieu est-il sanctifié en nous et dans le monde ?

Sanctifier le Nom de Dieu qui nous appelle « à la sanctification » 2813-2815
(*1 Th* 4,7), c'est désirer que la consécration baptismale vivifie toute notre vie. C'est aussi demander que, par notre vie et notre prière, le Nom de Dieu soit connu et béni par tout homme.

590. Que demande l'Église lorsqu'elle prie en disant : « Que ton Règne vienne » ?

L'Église implore la venue finale du Royaume de Dieu par le retour du 2816-2821 2859
Christ dans sa gloire. Mais l'Église prie aussi pour que le Règne de Dieu grandisse dès aujourd'hui par la sanctification des hommes dans l'Esprit et grâce à leurs efforts au service de la justice et de la paix, selon les Béatitudes. Cette demande est le cri de l'Esprit et de l'Épouse : « Viens Seigneur Jésus » (*Ap* 22,20).

591. Pourquoi demander : « Que ta volonté soit faite sur la terre comme au ciel » ?

La volonté de notre Père est que « tous les hommes soient sauvés » 2822-2827 2860
(*1 Tm* 2,3). C'est pourquoi Jésus est venu pour accomplir parfaitement la volonté salvifique du Père. Nous prions Dieu le Père d'unir notre volonté à celle de son Fils, à l'exemple de la Vierge Très Sainte et des Saints. Nous demandons que son dessein d'amour bienveillant se réalise pleinement sur la terre comme c'est déjà le cas au ciel. C'est par la prière que nous pouvons « discerner la volonté de Dieu » (*Rm* 12,2) et obtenir la « constance pour l'accomplir » (*He* 10,36).

592. Quel est le sens de la demande : « Donne-nous aujourd'hui notre pain de ce jour »?

2828-2834 2861 En demandant à Dieu, avec l'abandon confiant des fils, la nourriture de tous les jours nécessaires à tous pour leur subsistance, nous reconnaissons combien Dieu notre Père est bon au-delà de toute bonté. Nous demandons aussi la grâce de savoir agir pour que la justice et le partage permettent à ceux qui possèdent en abondance de venir en aide aux besoins des autres.

593. Quel est le sens spécifique de cette demande pour le chrétien?

2835-2837 2861 Puisque « l'homme ne vit pas seulement de pain, mais de toute Parole qui sort de la bouche de Dieu » (Mt 4,4), cette demande concerne également la faim de la *Parole de Dieu* et du *Corps du Christ* reçu dans l'Eucharistie, ainsi que la faim de l'Esprit Saint. Nous demandons cela avec une confiance absolue, pour *aujourd'hui*, l'aujourd'hui de Dieu, et cela nous est donné surtout dans l'Eucharistie, avant-goût du banquet du Royaume qui vient.

594. Pourquoi disons-nous : « Pardonne-nous nos offenses comme nous pardonnons aussi à ceux qui nous ont offensés »?

2838-2839 2862 En demandant à Dieu notre Père de nous pardonner, nous nous reconnaissons pécheurs devant lui. Mais nous confessons en même temps sa miséricorde parce que, en son Fils et par les sacrements, « nous recevons la rédemption et la rémission de nos péchés » (*Col* 1,14). Notre demande ne sera cependant exaucée qu'à condition que, de notre côté, nous ayons d'abord pardonné.

595. Comment le pardon est-il possible?

2840-2845 2862 La miséricorde ne pénètre notre cœur que si nous savons, nous aussi, pardonner, même à nos ennemis. Désormais, même si, pour l'homme, il semble impossible de satisfaire à cette exigence, le cœur qui s'offre à l'Esprit Saint peut, comme le Christ, aimer jusqu'à l'extrême de l'amour, transformer la blessure en compassion, et l'offense en intercession. Le pardon participe de la miséricorde de Dieu et est un des sommets de la prière chrétienne.

596. Que veut dire : « Ne nous soumets pas à la tentation »?

2846-2849 2863 Nous demandons à Dieu notre Père de ne pas nous laisser seuls au pouvoir de la tentation. Nous demandons à l'Esprit de savoir discerner d'une part entre *l'épreuve* qui nous fait grandir dans le bien et la *tentation* qui mène au péché et à la mort, et, d'autre part, entre *être tenté* et *consentir* à la tentation. Cette demande nous unit à Jésus qui a vaincu la tentation par sa prière. Elle sollicite la grâce de la vigilance et de la persévérance finale.

597. Pourquoi finissons-nous en demandant : « Délivre-nous du Mal »?

Le Mal désigne la personne de Satan, qui s'oppose à Dieu et qui 2850-2854 2864
est « le séducteur de toute la terre » (Ap 12,9). La victoire sur le diable a déjà été acquise par le Christ. Mais nous prions afin que la famille humaine soit libérée de Satan et de ses œuvres. Nous demandons aussi le don précieux de la paix et la grâce d'attendre avec persévérance la venue du Christ, qui nous libérera définitivement du Malin.

598. Que signifie l'Amen de la fin?

« Puis, la prière achevée, tu dis Amen, contresignant par cet Amen, 2855-2856 2865
qui signifie "Que cela se fasse", ce que contient la prière que Dieu nous a enseignée » (saint Cyrille de Jérusalem).

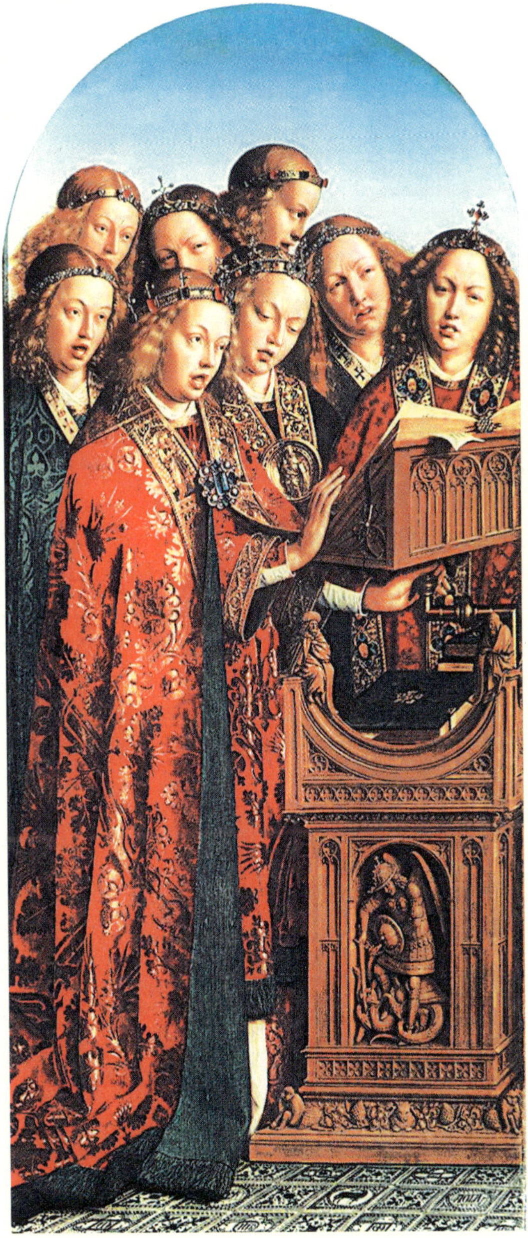

Les anges sont des créatures de Dieu. Un certain nombre d'entre eux est resté et reste toujours fidèle à Dieu, en sa présence, à son service, au service de l'Église et uni à tous ceux qui sont sauvés et qui sont dans la gloire du ciel.

Comme dans la vision de l'échelle de Jacob – « les anges de Dieu y montaient et descendaient » (*Gn* 28,12) – les anges sont des messagers dynamiques et infatigables, qui lient le ciel à la terre. Entre Dieu et l'humanité, ne règne pas le silence et l'incommunicabilité, mais le dialogue continuel, la communication incessante. Et les hommes, destinataires de cette communication, doivent affiner leur oreille spirituelle, pour écouter et comprendre cette langue angélique, qui suggère de bonnes paroles, de saints sentiments, des actions miséricordieuses, des comportements charitables et des relations édifiantes.

C'est ce que nous demandons à l'ange gardien dans la fameuse prière de la piété populaire catholique :

« Ange de Dieu,
qui es mon gardien,
et à qui j'ai été confié par la Bonté divine,
éclaire-moi, défends-moi,
Conduis-moi et dirige-moi. Amen ».

L'image représente un groupe d'anges aptères (sans ailes), qui prient en chantant. Ils sont revêtus de somptueux vêtements sacrés pour indiquer qu'ils sont en train d'accomplir une action liturgique solennelle. En effet, les anges sont non seulement des messagers de Dieu, envoyés pour communiquer sa volonté souveraine aux hommes, mais ils ont aussi la tâche de la louange au Seigneur dans la liturgie céleste éternelle (cf. *Ap* 8,2).

JAN VAN EYCK, *Anges chanteurs*, Polyptyque de la cathédrale de Gand. Photo : Scala/Art Resource, NY.

APPENDICE

A) PRIÈRES COMMUNES
B) FORMULES DE LA DOCTRINE CATHOLIQUE

A) PRIÈRES COMMUNES

SIGNE DE LA CROIX

Au nom du Père,
et du Fils,
et du Saint-Esprit. Amen.

SIGNUM CRUCIS

In nómine Patris
et Fílii
et Spíritus Sancti. Amen.

DOXOLOGIE

Gloire au Père,
au Fils,
et au Saint-Esprit.
Comme il était au commencement,
maintenant et toujours
et dans les siècles des siècles. Amen.

GLORIA PATRI

Glória Patri
et Fílio
et Spirítui Sancto.
Sicut erat in princípio,
et nunc et semper
et in sǽcula sæculórum. Amen.

JE VOUS SALUE, MARIE

Je vous salue, Marie, pleine de grâce;
Le Seigneur est avec vous;
Vous êtes bénie entre toutes les femmes;
Et Jésus, le fruit de vos entrailles, est béni.
Sainte Marie, Mère de Dieu,
Priez pour nous, pauvres pécheurs
Maintenant et à l'heure de notre mort.
Amen.

AVE MARIA

Ave, María, grátia plena,
Dóminus tecum.
Benedícta tu in muliéribus,
et benedíctus fructus ventris tui, Iesus.
Sancta María, Mater Dei,
ora pro nobis peccatóribus,
nunc et in hora mortis nostræ.
Amen.

ANGE DE DIEU

Ange de Dieu,
qui es mon gardien,
et à qui j'ai été confié par la Bonté divine,
éclaire-moi, défends-moi,
conduis-moi et dirige-moi. Amen.

ANGELE DEI

Ángele Dei,
qui custos es mei,
me, tibi commíssum pietáte supérna,
illúmina, custódi,
rege et gubérna. Amen.

LE REPOS ÉTERNEL

Donne-leur, Seigneur, le repos éternel
Et que brille sur eux la lumière de ta face.
Qu'ils reposent en paix. Amen.

REQUIEM ÆTERNAM

Réquiem ætérnam dona eis Dómine,
et lux perpétua lúceat eis.
Requiéscant in pace. Amen.

ANGELUS

D. L'ange du Seigneur apporta
l'annonce à Marie.
C. Et elle a conçu
du Saint-Esprit.
Je vous salue, Marie …
D. Voici la servante du Seigneur.
C. Qu'il me soit fait
selon ta parole.
Je vous salue, Marie …
D. Et le Verbe s'est fait chair.
C. Et il a habité parmi nous.
Je vous salue, Marie …
D. Prie pour nous, Sainte Mère de Dieu.
C. Afin que nous soyons rendus dignes
des promesses du Christ.

Prions
Que ta grâce, Seigneur notre Père,
se répande en nos cœurs :
par le message de l'ange,
tu nous as fait connaître l'incarnation
de ton Fils bien-aimé,
conduis-nous, par sa passion et
par sa croix,
jusqu'à la gloire de la Résurrection
Par Jésus, le Christ,
notre Seigneur. Amen.
Gloire au Père...

ANGELUS DOMINI

D. Ángelus Dómini
nuntiávit Maríæ.
C. Et concépit
de Spíritu Sancto.
Ave, María...
D. Ecce ancílla Dómini.
C. Fiat mihi secúndum
verbum tuum.
Ave, María...
D. Et Verbum caro factum est.
C. Et habitávit in nobis.
Ave, María...
D. Ora pro nobis, sancta Dei génetrix.
C. Ut digni efficiámur
promissiónibus Christi.

Orémus.
Grátiam tuam, quæsumus,
Dómine, méntibus nostris infúnde;
ut qui, Ángelo nuntiánte,
Christi Fílii tui incarnatiónem
cognóvimus,
per passiónem eius et crucem,
ad resurrectiónis glóriam perducámur.
Per eúmdem Christum
Dóminum nostrum. Amen.
Glória Patri...

REGINA CÆLI

(au temps pascal)
Reine du ciel, réjouis-toi,
alleluia.
Car celui qu'il te fut donné de porter,
alleluia,
Est ressuscité comme il l'avait dit.
alleluia.
Prie Dieu pour nous,
alleluia.

REGINA CÆLI

(tempus paschale)
Regína cæli lætáre,
allelúia.
Quia quem meruísti portáre,
allelúia.
Resurréxit, sicut dixit,
allelúia.
Ora pro nobis Deum,
allelúia.

D. Sois heureuse et réjouis-toi,
Vierge Marie, alleluia,
C. Car le Seigneur est vraiment ressuscité, alleluia.
Prions. Dieu qui, par la résurrection de ton Fils notre Seigneur Jésus Christ, as bien voulu réjouir le monde, fais, nous t'en prions, que par la Vierge Marie, sa mère, nous arrivions aux joies de la vie éternelle. Par le Christ notre Seigneur.
Amen.

D. Gaude et lætáre, Virgo María,
allelúia,
C. Quia surréxit Dóminus vere,
allelúia.
Orémus. Deus, qui per resurrectiónem Fílii tui Dómini nostri Iesu Christi mundum lætificáre dignátus es, præsta, quǽsumus, ut per eius Genetrícem Vírginem Maríam perpétuæ capiámus gáudia vitæ.
Per Christum Dóminum nostrum. Amen.

SALVE REGINA

Salut, ô Reine,
Mère de miséricorde,
notre vie, notre douceur, notre espérance, salut!
Nous crions vers toi,
enfants d'Ève exilés.
Vers toi nous soupirons, gémissant
et pleurant
dans cette vallée de larmes.
Ô toi, notre avocate
tourne vers nous ton regard miséricordieux.
Et, après cet exil,
montre-nous Jésus,
le fruit béni de tes entrailles.
Ô clémente, ô miséricordieuse, ô douce
Vierge Marie

SALVE, REGINA

Salve, Regína,
Mater misericórdiæ,
vita, dulcédo et spes nostra, salve.
Ad te clamámus,
éxsules fílii Evæ.
Ad te suspirámus geméntes et flentes
in hac lacrimárum valle.
Eia ergo, advocáta nostra,
illos tuos misericórdes óculos
ad nos convérte.
Et Iesum benedíctum fructum
ventris tui,
nobis, post hoc exsílium, osténde.
O clemens, o pia, o dulcis Virgo María!

MAGNIFICAT

Mon âme exalte le Seigneur,
exulte mon esprit
en Dieu, mon Sauveur!
Il s'est penché
sur son humble servante;
désormais, tous les âges
me diront bienheureuse.
Le Puissant fit pour moi des merveilles;
Saint est son nom!
Son amour s'étend d'âge en âge

MAGNIFICAT

Magníficat ánima mea Dóminum,
et exsultávit spíritus meus
in Deo salutári meo.
Quia respéxit humilitátem
ancíllæ suæ,
ecce enim ex hoc beátam
me dicent omnes generatiónes.
Quia fecit mihi magna
qui potens est,
et sanctum nomen eius.
Et misericórdia eius a progénie

sur ceux qui le craignent.
Déployant la force de son bras,
il disperse les superbes.
Il renverse les puissants de leurs trônes,
il élève les humbles.
Il comble de bien les affamés,
renvoie les riches les mains vides.
Il relève Israël, son serviteur,
il se souvient de son amour,
de la promesse faite à nos pères,
en faveur d'Abraham et de sa race,
à jamais.
Gloire au Père, et au Fils,
et au Saint-Esprit
au Dieu qui est, qui était et qui vient,
pour les siècles des siècles.
Amen.

in progénies
timéntibus eum.
Fecit poténtiam in bráchio suo,
dispérsit supérbos mente cordis sui.
Depósuit poténtes de sede
et exaltávit húmiles.
Esuriéntes implévit bonis,
et dívites dimísit inánes.
Suscépit Ísrael púerum suum,
recordátus misericórdiæ suæ,
sicut locútus est ad patres nostros,
Ábraham et sémini eius in sæcula.
Glória Patri et Fílio
et Spirítui Sancto.
Sicut erat in princípio et nunc et semper,
et in sæcula sæculórum.
Amen.

SUB TUUM

Sous l'abri de ta miséricorde, nous nous réfugions,
Sainte Mère de Dieu.
Ne méprise pas nos prières
quand nous sommes dans l'épreuve,
mais de tous les dangers
délivre-nous toujours,
Vierge glorieuse, Vierge bienheureuse.

SUB TUUM

Sub tuum præsídium confúgimus,
Sancta Dei Génetrix.
Nostras deprecatiónes ne despícias
in necessitátibus,
sed a perículis cunctis
líbera nos semper,
Virgo gloriósa et benedícta.

BENEDICTUS

Béni soit le Seigneur, le Dieu d'Israël,
qui visite
et rachète son peuple.
Il a fait surgir la force qui nous sauve
dans la maison de David, son serviteur,
comme il l'avait par la bouche des saints,
par ses prophètes, depuis les temps anciens :
salut qui nous arrache à l'ennemi,
à la main de tous nos oppresseurs,

BENEDICTUS

Benedíctus Dóminus, Deus Ísrael,
quia visitávit
et fecit redemptiónem plebis suæ,
et eréxit cornu salútis nobis
in domo David púeri sui,
sicut locútus est per os sanctórum,
qui a sæculo sunt, prophetárum eius,
salútem ex inimícis nostris
et de manu ómnium,
qui odérunt nos,
ad faciéndam misericórdiam

amour qu'il montre envers nos pères,
mémoire de son alliance sainte,
serment juré à notre père Abraham
de nous rendre sans crainte,
afin que délivrés de la main des ennemis,
nous le servions, dans la justice et la sainteté,
en sa présence, tout au long de nos jours.
Et toi, petit enfant
tu seras appelé prophète du Très-Haut :
tu marcheras devant, à la face du Seigneur,
et tu prépareras ses chemins
pour donner à son peuple
de connaître le salut
par la rémission de ses péchés,
grâce à la tendresse, à l'amour de notre Dieu,
quand nous visite l'astre d'en haut,
pour illuminer ceux qui habitent
les ténèbres
et l'ombre de la mort,
pour conduire nos pas
au chemin de la paix.
Gloire au Père, et au Fils,
et au Saint-Esprit
au Dieu qui est,
qui était et qui vient,
pour les siècles des siècles.
Amen.

cum pátribus nostris,
et memorári testaménti sui sancti,
iusiurándum, quod iurávit
ad Ábraham patrem nostrum,
datúrum se nobis,
ut sine timóre, de manu inimicórum
nostrórum liberáti,
serviámus illi,
in sanctitáte et iustítia coram ipso
ómnibus diébus nostris.
Et tu, puer,
prophéta Altíssimi vocáberis:
præíbis enim ante fáciem Dómini
paráre vias eius,
ad dandam sciéntiam salútis
plebi eius
in remissiónem peccatórum eórum,
per víscera misericórdiæ Dei nostri,
in quibus visitábit nos óriens ex alto,
illumináre his, qui in ténebris
et in umbra mortis sedent,
ad dirigéndos pedes nostros
in viam pacis.
Glória Patri et Fílio
et Spirítui Sancto.
Sicut erat in princípio
et nunc et semper,
et in sæcula sæculórum.
Amen.

TE DEUM

À Dieu, notre louange!
Seigneur, nous te glorifions
À toi, Père éternel,
la terre entière te vénère.
À toi les anges
Et toutes les puissance d'en haut
À toi tous les esprits bienheureux
Redisent sans cesse :

TE DEUM

Te Deum laudámus,
te Dóminum confitémur.
Te ætérnum Patrem,
omnis terra venerátur.
Tibi omnes ángeli,
tibi cæli et univérsæ potestátes:
Tibi chérubim et séraphim
incessábili voce proclámant:
Sanctus, Sanctus, Sanctus,

Saint! Saint! Saint!
Le Seigneur, Dieu de l'univers;
le ciel et la terre
sont remplis de ta gloire.
Le chœur glorieux des Apôtres,
les prophètes,
l'armée des martyrs chante ta gloire;
Par toute la terre,
la Sainte Église confesse,
Ô Père, ton infinie majesté;
Ton adorable et unique vrai Fils;
Avec le Saint-Esprit Consolateur.
Ô Christ, tu es le Roi de gloire.
Tu es le Fils éternel du Père.
Pour libérer l'humanité,
tu t'es fait homme,
ne dédaignant pas le corps de la Vierge.
Toi, Vainqueur de la mort,
tu ouvres aux croyants le Royaume
des cieux;
Tu sièges à la droite de Dieu,
Dans la gloire du Père.
Nous croyons que tu es le juge qui
doit venir.
Daigne alors secourir
tes serviteurs que tu as rachetés
par ton précieux sang.
Fais qu'ils soient au nombre de tes saints,
dans la gloire éternelle.
Sauve ton peuple, Seigneur, et bénis
ton héritage.
Sois leur guide et conduis-les sur le chemin
d'éternité.
Chaque jour, nous te bénissons
Nous louons ton nom
à jamais, et dans les siècles des siècles.
Daigne, Seigneur,
veiller sur nous et nous garder de
tout péché.

Dóminus Deus Sábaoth.
Pleni sunt cæli et terra
maiestátis glóriæ tuæ.
Te gloriósus apostolórum chorus,
te prophetárum laudábilis númerus,
te mártyrum candidátus
laudat exércitus.
Te per orbem terrárum
sancta confitétur Ecclésia,
Patrem imménsæ maiestátis;
venerándum tuum verum
et únicum Fílium;
Sanctum quoque Paráclitum Spíritum.
Tu rex glóriæ, Christe.
Tu Patris sempitérnus es Fílius.
Tu, ad liberándum susceptúrus
hóminem,
non horruísti Vírginis úterum.
Tu, devícto mortis acúleo,
aperuísti credéntibus regna cælórum.
Tu ad déxteram Dei sedes,
in glória Patris.
Iudex créderis esse ventúrus.
Te ergo quǽsumus,
tuis fámulis súbveni,
quos pretióso sánguine redemísti.
Ætérna fac cum sanctis tuis
in glória numerári.
Salvum fac pópulum tuum, Dómine, et
bénedic hereditáti tuæ.
Et rege eos, et extólle
illos usque in ætérnum.
Per síngulos dies benedícimus te;
et laudámus nomen tuum
in sǽculum, et in sǽculum sǽculi.
Dignáre, Dómine,
die isto sine peccáto nos custodíre.
Miserére nostri, Dómine,
miserére nostri.

Aie pitié de nous, Seigneur,
aie pitié de nous.
Que ta miséricorde,
Seigneur, soit sur nous,
puisque tu es notre espoir.
Tu es, Seigneur, mon espérance;
jamais je ne serai déçu.

Fiat misericórdia tua,
Dómine, super nos,
quemádmodum sperávimus in te.
In te, Dómine, sperávi:
non confúndar in ætérnum.

VENI CREATOR

Viens, Esprit Créateur,
Visite l'âme de tes fidèles,
Emplis de la grâce d'En-Haut
Les cœurs que tu as créés.
Toi qu'on nomme le Conseiller,
Don du Dieu Très-Haut,
Source vive, feu, charité,
Invisible consécration.
Tu es l'Esprit aux sept dons,
Le doigt de la main du Père,
L'Esprit de vérité promis par le Père,
C'est toi qui inspires nos paroles.
Allume en nous ta lumière,
Emplis d'amour nos cœurs,
Affermis toujours de ta force
La faiblesse de notre corps.
Repousse l'ennemi loin de nous,
Donne-nous ta paix sans retard,
Pour que, sous ta conduite et ton conseil,
Nous évitions tout mal et toute erreur.
Fais-nous connaître le Père,
Révèle-nous le Fils,
Et toi, leur commun Esprit,
Fais-nous toujours croire en toi.
Gloire soit à Dieu le Père,
au Fils ressuscité des morts,
à l'Esprit Saint Consolateur,
maintenant et dans tous les siècles. Amen.

VENI CREATOR SPIRITUS

Veni, creátor Spíritus,
Mentes tuórum vísita,
Imple supérna grátia
Quæ tu creásti péctora.
Qui díceris Paráclitus,
Altíssimi donum Dei,
Fons vivus, ignis, cáritas,
Et spiritális únctio.
Tu septifórmis múnere,
Dígitus patérnæ déxteræ,
Tu rite promíssum Patris,
Sermóne ditans gúttura.
Accénde lumen sénsibus,
Infúnde amórem córdibus,
Infírma nostri córporis
Virtúte firmans pérpeti.
Hostem repéllas lóngius,
Pacémque dones prótinus,
Ductóre sic te prævio
Vitémus omne nóxium.
Per Te sciámus da Patrem,
Noscámus atque Fílium,
Teque utriúsque Spíritum
Credámus omni témpore.
Deo Patri sit glória,
Et Fílio, qui a mórtuis
Surréxit, ac Paráclito,
In sæculórum sæcula. Amen.

VENI, SANCTE SPIRITUS

Viens, Esprit Saint,
et envoie du haut du ciel
un rayon de ta lumière.
Viens, Père des pauvres,
viens, dispensateur des dons,
viens, lumière de nos cœurs.
Consolateur souverain,
hôte très doux de nos âmes,
adoucissante fraîcheur.
Dans le labeur, le repos;
dans la fièvre, la fraîcheur;
dans les pleurs, le réconfort.
Ô lumière bienheureuse,
viens remplir jusqu'à l'intime
le cœur de tous tes fidèles.
Sans ta puissance divine,
il n'est rien en aucun homme,
rien qui ne soit perverti.
Lave ce qui est souillé,
baigne ce qui est aride,
guéris ce qui est blessé.
Assouplis ce qui est raide,
réchauffe ce qui est froid,
rends droit ce qui est faussé.
À tous ceux qui ont la foi
et qui en toi se confient
donne tes sept dons sacrés.
Donne mérite et vertu,
donne le salut final,
donne la joie éternelle. Amen.

VENI, SANCTE SPIRITUS

Veni, Sancte Spíritus,
Et emítte cælitus
Lucis tuæ rádium.
Veni, Pater páuperum,
Veni, Dator múnerum,
Veni, Lumen córdium.
Consolátor óptime,
Dulcis hospes ánimæ,
Dulce refrigérium.
In labóre réquies,
In æstu tempéries,
In fletu solátium.
O lux beatíssima,
Reple cordis íntima
Tuórum fidélium.
Sine tuo númine,
Nihil est in hómine,
Nihil est innóxium.
Lava quod est sórdidum,
Riga quod est áridum,
Sana quod est sáucium.
Flecte quod est rígidum,
Fove quod est frígidum,
Rege quod est dévium.
Da tuis fidélibus
In te confidéntibus
Sacrum septenárium.
Da virtútis méritum,
Da salútis éxitum,
Da perénne gáudium. Amen.

ÂME DU CHRIST

Âme du Christ, sanctifie-moi.
Corps du Christ, sauve-moi.
Sang du Christ, enivre-moi.
Eau du côté du Christ, lave-moi.
Passion du Christ, fortifie-moi.
Ô bon Jésus, exauce-moi.

ANIMA CHRISTI

Ánima Christi, sanctífica me.
Corpus Christi, salva me.
Sanguis Christi, inébria me.
Aqua láteris Christi, lava me.
Pássio Christi, confórta me.
O bone Iesu, exáudi me.

Dans tes blessures, cache-moi.
Ne permets pas que je sois séparé de toi.
De l'ennemi perfide, défends-moi.
À l'heure de ma mort, appelle-moi.
Ordonne-moi de venir à toi,
pour qu'avec tes Saints je te loue, toi,
dans les siècles des siècles. Amen.

Intra tua vúlnera abscónde me.
Ne permíttas me separári a te.
Ab hoste malígno defénde me.
In hora mortis meæ voca me.
Et iube me veníre ad te,
ut cum Sanctis tuis laudem te
in sǽcula sæculórum. Amen.

SOUVENEZ-VOUS

Souvenez-vous, ô très miséricordieuse Vierge Marie, qu'on n'a jamais entendu dire qu'aucun de ceux qui avaient eu recours à votre protection, imploré votre assistance, réclamé votre secours, ait été abandonné. Animé d'une pareille confiance, ô Vierge des vierges, ô ma Mère, je cours vers vous et, gémissant sous le poids de mes péchés, je me prosterne à vos pieds. Ô Mère du Verbe, ne méprisez pas mes prières, mais accueillez-les favorablement et daignez les exaucer. Amen.

MEMORARE

Memoráre, O píissima Virgo María, non esse audítum a sǽculo, quemquam ad tua curréntem præsídia, tua implorántem auxília, tua peténtem suffrágia, esse derelíctum. Ego tali animátus confidéntia, ad te, Virgo Vírginum, Mater, curro, ad te vénio, coram te gemens peccátor assisto. Noli, Mater Verbi, verba mea despícere; sed áudi propítia et exáudi. Amen.

ROSAIRE

Mystères joyeux.
(à réciter le lundi et le samedi)

L'Annonciation.
La Visitation.
La Nativité.
La Présentation de Jésus au Temple.
Recouvrement de Jésus au Temple.

Mystère lumineux
(à réciter le jeudi)

Le baptême de Jésus dans le Jourdain.
Les noces de Cana.
L'annonce du Royaume de Dieu.
La Transfiguration.
L'Institution de l'Eucharistie.

ROSARIUM

Mystéria gaudiósa
(in feria secunda et sabbato)

Annuntiátio.
Visitátio.
Natívitas.
Præsentátio.
Invéntio in Templo.

Mystéria luminósa
(in feria quinta)

Baptísma apud Iordánem.
Autorevelátio apud Cananénse matrimónium.
Regni Dei proclamátio coniúncta cum invitaménto ad conversiónem.
Transfigurátio.
Eucharistíæ Institútio.

Mystères douloureux
(à réciter le mardi et le vendredi)

L'agonie de Jésus au Jardin des Oliviers.
La flagellation.
Le couronnement d'épines.
Jésus porte sa croix.
La mort de Jésus en croix.

Mystères glorieux
(à réciter le mercredi et le dimanche)

La Résurrection.
L'Ascension.
La Pentecôte.
L'Assomption.
Le couronnement de Marie.

Prière à la fin du Rosaire

D. Prie pour nous, Sainte Mère de Dieu.
C. Afin que nous soyons rendus dignes des promesses du Christ.
Prions.
Ô Dieu, dont le Fils unique, par sa vie, sa mort et sa résurrection, nous a acquis les récompenses de la vie éternelle, fais, nous t'en supplions, qu'en méditant ces mystères du Rosaire de la Bienheureuse Vierge Marie, nous puissions imiter ce qu'ils contiennent et obtenir ce qu'ils promettent. Par Jésus Christ, notre Seigneur. Amen.

Mystéria dolorosa
(in feria tertia et feria sexta)

Agonía in Hortu.
Flagellátio.
Coronátio Spinis.
Baiulátio Crucis.
Crucifíxio et Mors.

Mysteria gloriosa
(in feria quarta et Dominica)

Resurréctio.
Ascénsio.
Descénsus Spíritus Sancti.
Assúmptio.
Coronátio in Cælo.

Oratio ad finem Rosarii dicenda

D. Ora pro nobis, sancta Dei génetrix.
C. Ut digni efficiámur promissiónibus Christi.
Orémus.
Deus, cuius Unigénitus per vitam, mortem et resurrectiónem suam nobis salútis ætérnæ prǽmia comparávit, concéde, quǽsumus: ut hæc mystéria sacratíssimo beátæ Maríæ Vírginis Rosário recoléntes, et imitémur quod cóntinent, et quod promíttunt assequámur. Per eúmdem Christum Dóminum nostrum. Amen.

PRIÈRE DE L'ENCENS
(Tradition copte)

Ô Roi de la paix, donne-nous ta paix et pardonne nos péchés. Éloigne les ennemis de l'Église et garde-la, afin qu'elle ne défaille pas.
L'Emmanuel notre Dieu est au milieu de nous dans la gloire du Père et de l'Esprit Saint.

Qu'il nous bénisse, qu'il purifie notre cœur et qu'il guérisse les maladies de l'âme et du corps.
Nous t'adorons, ô Christ, avec ton Père de bonté et avec l'Esprit Saint, parce que tu es venu et parce que tu nous as sauvés.

PRIÈRE DE « L'ADIEU À l'AUTEL » AVANT DE QUITTER L'ÉGLISE APRÈS LA LITURGIE

(Tradition Syro-Maronite)

Sois en paix, Autel de Dieu. Puisse l'oblation que je t'ai prise servir à la rémission des dettes et au pardon des péchés. Qu'elle m'obtienne de me tenir devant le tribunal du Christ sans damnation et sans confusion. Je ne sais pas s'il me sera donné de revenir offrir sur toi un autre Sacrifice. Protège-moi, Seigneur, et garde ton Église, qui est chemin de vérité et de salut. Amen.

PRIÈRE POUR LES DÉFUNTS

(Tradition Byzantine)

Dieu des esprits et de toute chair, qui a foulé au pied la mort, qui a réduit le diable à néant et qui a donné ta vie au monde; Donne toi-même, Seigneur, à l'âme de ton serviteur défunt N. le repos dans un lieu lumineux, verdoyant et frais, loin de la souffrance, de la douleur et des gémissements. Que le Dieu bon et miséricordieux lui pardonne tous ses péchés commis en parole, par action et en pensée. Parce qu'il n'existe pas d'homme qui vive et qui ne pèche pas; toi seul es sans péché, ta justice est justice pour les siècles et ta parole est vérité.
Ô Christ notre Dieu, puisque tu es la Résurrection, la vie et le repos de ton serviteur défunt N., nous te rendons grâce avec ton Père incréé et avec ton Esprit très

saint, bon et vivifiant, aujourd'hui et pour les siècles des siècles. Amen.
Qu'ils reposent en paix. Amen.

ACTE DE FOI

Mon Dieu, je crois fermement toutes les vérités que vous m'avez révélées et que vous nous enseignez par votre sainte Église, parce que vous ne pouvez ni vous tromper, ni nous tromper.
Dans cette foi, puis-je vivre et mourir. Amen.

ACTUS FIDEI

Dómine Deus, firma fide credo et confíteor ómnia et síngula quæ sancta Ecclésia Cathólica propónit, quia tu, Deus, ea ómnia revelásti, qui es ætérna véritas et sapiéntia quæ nec fállere nec falli potest.
In hac fide vívere et mori státuo. Amen.

ACTE D'ESPÉRANCE

Mon Dieu, j'espère avec une ferme confiance que vous me donnerez, par les mérites de Jésus-Christ, votre grâce en ce monde et le bonheur éternel dans l'autre, parce que vous l'avez promis et que vous tenez toujours vos promesses.
Dans cette foi, puis-je vivre et mourir. Amen.

ACTUS SPEI

Dómine Deus, spero per grátiam tuam remissiónem ómnium peccatórum, et post hanc vitam ætérnam felicitátem me esse consecutúrum: quia tu promisísti, qui es infiníte potens, fidélis, benígnus, et miséricors.
In hac spe vívere et mori státuo. Amen.

ACTE DE CHARITÉ

Mon Dieu, je vous aime de tout mon cœur et plus que tout, parce que vous êtes infiniment bon, et j'aime mon prochain comme moi-même pour l'amour de vous.

ACTUS CARITATIS

Dómine Deus, amo te super ómnia et próximum meum propter te, quia tu es summum, infinítum, et perfectíssimum bonum, omni dilectióne dignum. In hac caritáte vívere et mori státuo. Amen.

ACTE DE CONTRITION

Mon Dieu, j'ai un très grand regret de vous avoir offensé parce que vous êtes infiniment bon et que le péché vous déplaît. Je prends la ferme résolution, avec le secours de votre sainte grâce, de ne plus vous offenser et de faire pénitence.

ACTUS CONTRITIONIS

Deus meus, ex toto corde pænitet me ómnium meórum peccatórum, eáque detéstor, quia peccándo, non solum pœnas a te iuste statútas proméritus sum, sed præsértim quia offéndi te, summum bonum, ac dignum qui super ómnia diligáris. Ídeo fírmiter propóno, adiuvánte grátia tua, de cétero me non peccatúrum peccandíque occasiónes próximas fugitúrum. Amen.

B) FORMULES DE LA DOCTRINE CATHOLIQUE

Les deux commandement de la charité :

1. Tu aimeras le Seigneur ton Dieu de tout ton cœur, de toute ton âme et de tout ton esprit.
2. Tu aimeras ton prochain comme toi-même.

La règle d'or (*Mt* 7,12)

Tout ce que vous désirez que les autres fassent pour vous, faites-le vous-mêmes pour eux.

Les Béatitudes (*Mt* 5,3-12)

Heureux les pauvres de cœur :
le Royaume des cieux est à eux!

Heureux les doux :
ils obtiendront la terre promise!

Heureux ceux qui pleurent :
ils seront consolés!

Heureux ceux qui ont faim et soif
de la justice : ils seront rassasiés!

Heureux les miséricordieux :
ils obtiendront miséricorde!

Heureux les cœurs purs :
ils verront Dieu!

Heureux les artisans de paix :
ils seront appelés fils de Dieu!

Heureux ceux qui sont persécutés pour la justice : le Royaume des cieux est à eux!

Heureux serez-vous si l'on vous insulte, si l'on vous persécute et si l'on dit faussement toute sorte de mal contre vous, à cause de moi. Réjouissez-vous, soyez dans l'allégresse, car votre récompense sera grande dans les cieux!

Les trois vertus *théologales* :

1. Foi.
2. Espérance.
3. Charité.

Les quatre vertus *cardinales* :

1. Prudence.
2. Justice.
3. Force.
4. Tempérance.

Le sept *dons* du Saint-Esprit :

1. Sagesse.
2. Intelligence.
3. Conseil.
4. Force.
5. Science.
6. Piété.
7. Crainte de Dieu.

Les douze *fruits* du Saint-Esprit :

1. Charité.
2. Joie.
3. Paix.
4. Patience.
5. Longanimité.
7. Bonté.
8. Bénignité.
9. Mansuétude.
10. Modestie.
11. Continence.
12. Chasteté.

Les cinq *préceptes* de l'Église :

1. Participer à l'Eucharistie dominicale et aux autres fêtes d'obligation et s'abstenir des travaux et des activités qui pourraient empêcher la sanctification de tels jours.
2. Confesser ses péchés au moins une fois par an.
3. Recevoir le Sacrement de l'Eucharistie au moins à Pâques.
4. S'abstenir de manger de la viande et observer le jeûne durant les jours établis par l'Église.
5. Subvenir aux besoins matériels de l'Église, selon ses possibilités.

Les sept œuvres de *miséricorde corporelle* :

1. Donner à manger à ceux qui ont faim.
2. Donner à boire à ceux qui ont soif.
3. Vêtir ceux qui sont nus.
4. Loger les pèlerins.
5. Visiter les malades.
6. Visiter les prisonniers.
7. Ensevelir les morts.

Les sept œuvres de *miséricorde spirituelle* :

1. Conseiller ceux qui doutent.
2. Enseigner ceux qui sont ignorants.
3. Réprimander les pécheurs.
4. Consoler les affligés.
5. Pardonner les offenses.
6. Supporter patiemment les personnes importunes.
7. Prier Dieu pour les vivants et pour les morts.

Le sept *péchés capitaux* :

1. Orgueil.
2. Avarice.
3. Envie.
4. Colère.
5. Impureté.
6. Gourmandise.
7. Paresse ou acédie.

Les quatre fins de l'homme :

1. Mort.
2. Jugement.
3. Enfer.
4. Paradis.

INDEX ANALYTIQUE

Les numéros renvoient aux questions

D

N

O

P

R

S

ABRÉVIATIONS BIBLIQUES

Ac	Actes des Apôtres
Ap	Apocalypse
Col	Lettre aux Colossiens
1 Co	1ère lettre aux Corinthiens
2 Co	2e lettre aux Corinthiens
Dt	Deutéronome
He	Lettre aux Hébreux
Ep	Lettre aux Éphésiens
Ex	Exode
Ez	Ézéchiel
Ph	Lettre aux Philippiens
Ga	Lettre aux Galates
Jc	Lettre de Jacques
Gn	Genèse
Jn	Évangile de Jean
1 Jn	1ère lettre de Jean
Is	Isaïe
Lc	Évangile de Luc
2 M	2e livre des Maccabées
Mc	Évangile de Marc
Mt	Évangile de Matthieu
1 P	1ère lettre de Pierre
2 P	2e lettre de Pierre
1 R	1er livre des Rois
Rm	Lettre aux Romains
Ps	Psaumes
1 Th	1ère lettre aux Thessaloniciens
2 Th	2e lettre à Timothée
Tm	Timothée
Tt	Lettre à Tite

TABLE DES MATIÈRES

TROISIÈME PARTIE

LA VIE DANS LE CHRIST

QUATRIÈME PARTIE
LA PRIÈRE CHRÉTIENNE

APPENDICE